KB169319

선생님, 평가 어떻게 하세요?

목적이 이끄는 평가

선생님,
평가
어떻게 하세요?

초판 1쇄 인쇄 2023년 7월 7일
초판 1쇄 발행 2023년 7월 17일

지은이 성열관, 김선종, 권순애, 김보희, 김수정, 김아라
김현정, 박현정, 신혜림, 안정현, 윤서연, 최금연
펴낸이 김승희
펴낸곳 도서출판 살림터

기획 정광일
편집 송승호, 조현주
북디자인 꼬리별

인쇄·제본 (주)신화프린팅
종이 (주)명동지류

주소 서울시 양천구 목동동로 293, 2215-1호
전화 02-3141-6553
팩스 02-3141-6555
출판등록 2008년 3월 18일 제313-1990-12호
이메일 gwang80@hanmail.net
블로그 http://blog.naver.com/dkffk1020

ISBN 979-11-5930-259-6 03370

*가격은 뒤표지에 있습니다.
*잘못된 책은 바꾸어 드립니다.

목적이 이끄는 평가

선생님, 평가 어떻게 하세요?

성열관 김선종 권순애 김보희 김수정 김아라
김현정 박현정 신혜림 안정현 윤서연 최금연

살림터

차례

2부 효과적인 학생평가 전략

서장
교사의 평가 전문성, 어떻게 기를 수 있을까?

성열관

1. 평가, 재려고 하는 것을 쟀나?

나는 대학에서 교육학을 전공하면서 저명하신 박도순 교수님으로부터 교육평가 과목을 배울 수 있는 행운을 누렸다. 박 교수님은 명쾌한 강의로 유명하셨는데, 어떤 명제가 나오면 그것의 근거를 중시하셨기 때문이었을 것이다. 내가 기억하건대, 박 교수님이 가장 많이 쓰시는 표현은 '왜 그런가 하면'이었다. 제대로 된 학생평가를 위해서 어떻게 하는 것이 좋다고 말씀하시고, '왜 그런가 하면' 당초 목적이 그랬기 때문이라고 설명해 주셨다.

이 수업을 통해서 나는 평가에서 목적 또는 목표를 고려하는 것이 얼마나 중요한지 깨달았다. 이와 관련해서 박 교수님은 평가에서 타당도가 제일 중요한데, 타당도란 '재려고 하는 것을 쟀느냐?'를 물어보는 것이라고 명쾌하게 알려 주셨다.

한참 시간이 흐른 후 나는 경희대학교에 자리를 잡고, 학부 교직과와 교육대학원에서 '교육과정 및 교육평가'라는 수업을 담당했다. 지금은 교육과정, 교육평가라는 두 과목으로 분리되었지만, 한동안 나는 중간고사 이후에는 학생들에게 교육평가에 대해 가르쳤다. 이때 박 교수님께 배운 대로 학생평가에서 '재려고 하는 것을 쟀느냐'가 제일 중요하다고 가르쳤다. 그리고 신뢰도 역시 학부 때 배운 대로 '여러 번 쟀을 때 얼마나 같은 결과가 나오느냐'에 대한 것이라고 가르쳤다.

그런데 교육평가에 대해 가르칠 때 나한테는 한 가지 딜레마가 있었다. 수업 시간에 가르치게 되는 교육평가 이론 중 상당 부분은 교사교육을 위한 지식이라기보다는 테스트 회사로 가게 되는 측정전문가를 기르는 지식이 많았다는 점이다. 채점자 간 신뢰도 정도는 교사들이 반드시 알아야 하는 지식임에 반해, 반분신뢰도, 문항내적합치도, 동형검사신뢰도 등의 개념과 이에 대한 수식은 교사 전문성 신장과 거리가 먼 것이었다. 이 밖에도 상당히 많은 측정 관련 수식을 가르쳐야 했다. 교육평가 교과서 중에서 측정measurement보다 교사의 평가evaluation 전문성에 초점을 둔 것을 찾기가 어려웠다. 그럼에도 불구하고 이전의 교원임용고사에서 교육학은 객관식 시험에 기반했기 때문에 나는 이에 대해 가르치지 않을 수 없었다. 물론 이것이 문제라기보다는 교사의 평가 전문성을 기를 수 있는 수업에 전념할 수 없었다는 게 더 큰 문제였다.

2023년 현재 이 문제는 과거와는 사뭇 다른 환경에 놓여 있다. '왜 그런가 하면' 교육과정과 교육평가 과목이 분리되었고, 또 2013년부터는 교원임용고사에서 교육학 문제가 논술형으로 바뀌었기 때문이다. 객관식에서 논술형으로 시험 형식이 바뀌면 대학에서 학생들을 교육학에 접근시키는 방식이 완전히 바뀐다. 여기서 나는 또 가히 평가가 얼마나 교육과정과 수업에 영향을 주는지 깨닫게 되었다.

이러한 가운데 2010년을 전후하여 한국에 혁신교육 운동이 등장했다. 혁신교육 패러다임이 가져온 크나큰 변화의 증거를 들라 하면, 나는 출판시장의 변화라고 답할 수 있다. 혁신교육 이후에 교육 분야 출판시장을 교사들이 주도하기 시작했다. '왜 그런가 하면' 혁신학교의 등장으로 교사들이 '우리 학교에 대해' 할 말이 생겼기 때문이다. 그 이전에도 부분적인 학교 변화 전략에 대한 저서가 많았지만, 학교 전체를 바꾼 경험을 다룬 내용은 많지 않았다. 혁신학교는 일종의 '학교 전반에 걸친 접근법whole-school approach'이다. 혁신학교 제도 도입 초반에는 수업의 변화 중심으로 학교 전체를 변화시키는 전략들이 많이 소개되었다. 이는 일본의 '배움의 공동체'의 영향이기도 했다.

혁신학교가 조금씩 자리를 잡으면서, 실천의 수준을 한 단계 끌어올리기 위한 또 하나의 기류가 감지되었는데, 그것은 수업보다 평가에 대한 관심이었다. 많은 교사가 스스로 실천한 평가혁신에 대한 에세이를 담은 책들을 내놓았고, 어떤 교사들은 '교육과정-수업-평가-기록' 일체화라는 프레임워크를 개발하여 이를 실천 속에서 발전시켜 갔다. 나는 이런 변화를 목격하면서, 혁신교육이야말로 교사들을 학교 변화의 주체이자 전문가로 성장시키는 발판이 되었다고 생각한다. 교사 저자들로 이루어진 이 책도 이상과 같은 변화의 연장선상에서 나왔다.

2. 우리의 집필 원칙

이 책은 장기간의 학습과 저술 작업을 통해 세상에 나오게 되었다. 이 책을 집필하며 우리는 무엇을 고려하면서 집필할지를 토의하였다. 그중 중요한 몇 가지는 다음과 같다.

목적이 제일 중요하다.

수행평가가 지필평가보다 중요하다든지, 역으로 지필평가가 수행평가보다 중요하다든지 하는 주장은 어느 것 하나 맞는 명제가 아니다. 한국 교육에 지나치게 지필평가 위주의 천편일률적인 학생평가 문화가 있다 보니 수행평가나 참평가 등이 강조되는 것뿐이다. 그렇다면 어떤 평가가 제일 좋은 평가일까? 당초 교육 목적 또는 목표를 달성했는지 알아보는 데 최적의 평가 방법이 가장 좋은 평가이다. 그러니까 어떤 교육 목표의 달성 여부를 재는 데 수행평가가 적절하면 수행평가가 제일 좋은 평가 방법일 것이다. 이에 우리는 이 책의 부제를 '목적이 이끄는 평가'로 달았다.

교사들이 매 학기 할 만하다고 생각하는 것이어야 한다.

이 책의 저자들은 지나치게 이상적인 평가 전략을 제시해 놓고 이를 모두 실천에 옮기는 교사가 훌륭한 교사라는 전제를 피하고자 했다. 교사들은 바쁘다. 심지어 화장실도 제때 못 가는 경우가 있다. 교사들은 전문가로서 양심에 따라 일한다. 그렇기에 주어진 과업과 실제 가용할 수 있는 체력 범위 내에서 타협할 수밖에 없다. 교사는 전문직이기 때문에 이러한 윤리적 딜레마를 겪는다. 아무리 좋은 평가 전략이라 해도 교사가 한 학기 열심히 하다가 소진되었다면, 그 누구도 다음 학기부터는 그러한 전략을 채택할 리 만무하다. 이러한 소진을 피하면서도 학생평가의 목적을 최대한 실현할 수 있는 전략의 난도(난이도)에 대해 누가 가장 잘 알 수 있을까? 바로 교사들일 것이다. 이에 이 책은 교사들이 매 학기에 걸쳐 지속적으로 하기 어렵지 않은 전략을 제시하고자 했다. 그렇다고 교사는 쉽다고 마냥 좋아하는 사람들이 아니다. 조금 어렵고, 힘들고, 피곤해도 학생의 성장에 도움이 된다고 생각하면, 보람을 느끼면서 열정적으로 일을 해낸다. 교육이라는 과업에서 느끼는 보람이 소진을 극복하는 데 도움이 되는 것이다. 그렇지만 아무리 좋은 것이라도 소진이 예상되면, 안 하는 것이 좋다. 그래서 우리는 이 책을 쓰면서 좋은 평가 전략을 생각하면서도 교사를 소진시키지 않을 정도의 '적정선'을 고려했다.

평가는 피드백을 통해 발달을 도와주기 위한 것이다.

학생평가에는 여러 가지 목적이 있다. 그중에서 가장 중요한 것은 학생들이 주어진 목표를 달성했는지 알아보는 것이다. 이 또한 '목적이 이끄는 평가'와 관련이 있다. 학생들이 틀린 것이 무엇인지 파악해서 피드백을 주고, 다시 한번 목적이 달성되었는지 확인하는 과정은 초등학교에서부터 중요하다. 그래서 초등학교에서는 형성평가가 매우 중요하다. 초등학교에서 필요하다면, 100점 만점 위주의 객관식 지필평가도 실시해야 하겠지만, 더 중요한 것은 상시적으로 목표 달성 여부를 확인해 보는 것이다. 다행히 교육부와 여러 시·도교육청은 초등학교에서 중간고사, 기말고사를 획일적으로 실시하기보다는 수시 및 상시 과정중심평가를 권장해 왔다. 이 과정에서 초등학교 교사들의 평가관이 많이 변화했다. 나는 이것을 '소수 문항 평가'라고 부르는데, 이는 객관식 시험의 경우라도 소수의 문항만을 평가해, 틀린 문항을 파악하여-다시 말해 교육 목표 기준 미달 여부를 파악하여-상시 피드백을 주는 것을 말한다. 이러한 형성평가는 형태는 상이하겠으나 중학교, 고등학교에서도 효과적인 평가 전략이다.

그래서 이 책은 교육 목표 달성을 그때그때 확인하고, 도와주는 형성평가의 원리를 강조하고자 했다. 그런데 여기서 한 가지 주의할 것이 있다. 기초학력이 부족한 학생들은 평가를 통해 무엇을 틀렸는지 피드백을 준다는 원리가 잘 안 통할 때가 있다. 왜냐하면 너무 많이 틀리기 때문에, 교사의 이러한 행동은 수년에 걸쳐 해당 학생들의 자기효능감을 떨어뜨릴 수 있다. 이에 기초미달 학생들에게는 스스로 잘할 수 있는 것으로 교육 목표를 증명할 수 있도록 하는 것이 좋다. 이는 교사가 갖추어야 할 중요한 전문성이지만 또 다른 책 한 권의 분량으로 접근해야 하기에 여기서는 충분히 다루지 못했다.

초·중학교와 고등학교는 다르다.

그럼에도 이 책은 초등학교와 중학교 9년과 고등학교 3년은 학생 평가에서 매우 다를 수 있다는 점을 인식하고자 했다. 교육체제는 중학교와 고등학교 6년이 중등체제로 묶이나 이것은 상당히 한국적인 특징이다. 유럽과 북미와 같은 많은 지역에서 중학교까지는 초등 elementary 또는 국민공통 교육과정으로 묶이는 경우가 더 많다. 미국은 K(유치원)에서 5학년(6년), 중학교 3년, 고등학교 4년으로, 고교 4년만이 중등secondary으로 구분된다. 교사자격증 체제(주마다 다르긴 해도)도 초등교사 자격증이 중학교까지(K에서 초등 저학년까지 가르치는 자격증 및 초등 고학년에서 중학교까지 가르치는 자격증) 적용된다. 그렇다고 해서 유럽이나 북미를 모방하거나 따라야 한다는 것은 아니다. 다만 고등학교 교육은 초·중학교 교육과 상당히 다른 특징을 지니기 때문에 학생평가도 분리해서 봐야 한다는 것이다.

현재 한국에서 초·중학교는 절대평가 형태인 성취평가제를, 고등학교에서는 내신 9등급제인 상대평가와 성취평가제를 혼용하고 있다. 고등학교는 과목들을 묶어 과목군으로 분류하는데, 2023년 현재 진로 선택과목들은 내신 9등급제를 적용하지 않는다. 이는 과거에 비해 굉장히 큰 변화이다. 2022 개정 교육과정에서는 공통과목 이외의 모든 선택과목에서 내신 9등급제를 적용하지 않음으로써 절대평가 과목이 대폭 늘어났다. 이러한 변화는 모든 학생을 획일적으로 구획된 9등급 비율로 나누는 평가를 줄이겠다는 의지를 보여 준 것이다. 그렇지만 고교는 대학 선발에서 필요한 정보를 제공해야 하는 책임도 요구받는다. 이것은 발달과 선발의 딜레마라고 할 수 있는데, 고교에서는 이를 벗어날 수 없다.

이에 우리는 이 책을 집필하면서 '초·중학교와 고등학교는 다르다'는 것을 인식하기로 했다. 그러므로 고등학교에서 상대평가는 상대평가의 원리에 맞게 출제해야 하며, 절대평가는 그 목적에 가장 부합하게 문항을 개발해야 한다. 그나마 다행인 점은 초등학교 1학년에서 중학교 3학년까지, 그리고 고교학점제가 본격적으로 시행되는

2025년 이후에는 대체로 고등학교 2학년과 3학년들은 거의 성취평가제를 적용받는다는 것이다. 이 책은 이러한 변화를 긍정적으로 보고 성취평가제의 장점을 최대한 살리는 방향으로 집필하였다.

3. 평가 패러다임의 변화

이 책은 1부와 2부로 구성되어 있다. 1부에서는 네 가지 질문, 즉 "첫째, 평가를 바라보는 교사들의 시선은 어떠한가? 둘째, 학생평가 제도는 최근 어떻게 변화했는가? 셋째, 학생들이 생각하는 좋은 평가는 무엇인가? 넷째, 교사가 갖추어야 할 평가 전문성은 무엇인가?"에 대답했다. 그 결과 우리는 다음과 같은 결론에 이르게 되었다.

- 교사의 평가관이 학생평가 방식을 결정한다.
- '목적이 이끄는 평가' 제도는 이미 갖추어져 있다.
- 아이들이 바람직하다고 보는 평가는 '생각을 이끄는 평가'구나!
- 교사의 평가 전문성도 교육 목적만 생각하면 된다.

저자들은 이 책을 저술하는 과정에서 장기간의 토론 끝에 결국 교사의 평가관이 제일 중요하다는 데 동의할 수밖에 없었다. 다행히 지난 10여 년 동안 교사들의 평가관이 변화했다. 그럼에도 교사가 경직된 평가관을 고수한다면, 그 교실에서는 평가 패러다임의 변화

흐름과 다른 학생평가가 이루어지고 있을 것이다. 이에 교사의 평가관에 대해 가장 먼저 생각해 보았다.

교사의 평가관이 학생평가 방식을 결정한다.

교사들은 평가 패러다임 변화에 대해 잘 인식하고 있다. 이러한 변화는 학생의 발달과 성장에 초점을 맞추어, 결과뿐 아니라 과정 또한 중요시하는 것이다. 하지만 교사들이 앉아서 이에 대해 깊이 토론하고, 학생평가 방식을 어떻게 바꾸는 게 좋은지 합의해 가는 일은 많지 않다. 또한 학생평가 활동에서 교사의 역할은 학생의 성장을 도울 수 있는 구체적인 피드백을 제공해 주는 것이 제일 중요하지만, 이 또한 합의가 쉽지 않다. 이미 교육부와 시·도교육청은 교사들이 가져야 할 평가관에 대해 밝히고 있다. 그것은 상대적 서열에 따라 '누가 더 잘했는지'를 평가하는 것이 아니라 '학생이 무엇을 어느 정도 성취하였는지'를 평가하는 것이다. 사실상 이것이 평가의 주요 목적이며, 바로 이것 때문에 이 책의 부제가 붙여진 것이다.

1장(김수정)에서는 "교사들이 평가의 목적이 무엇인지 명확히 인식할 때 최대한 학생 성장에 유용한 정보와 결과를 발견할 수 있다"라고 이야기한다. 결국 교사의 평가관이 학생평가 방식을 결정한다. 저자는 이에 대해서 잘 설명하고 있으며, 향후 교육부와 시·도교육청이 교사의 평가 전문성 신장을 위해 무엇을 가장 먼저 해야 할지를 알려 준다. 선발적 관점에서 성장의 관점으로 패러다임은 변화하고 있는데, 교사들의 스키마가 함께 변화하지 않으면 그 격차가 너무 크게 남게 된다. 그것을 줄여 가는 것이 우리에게 남은 과제다.

'목적이 이끄는 평가' 제도는 이미 갖추어져 있다.

그동안 한국에서는 학교에서 운영되고 있는 학생평가 실천 방식을 바꾸기 위해 다양한 원리와 개념이 도출되었다. 발달중심평가, 성장참조평가, 교사별 평가, 성장과 발달을 돕는 평가, 교육과정-수업-평가-기록의 일체화 등 평가 혁신을 위해 새로운 용어들이 쏟아져 나왔다. 이러한 개념적 혼란이 때로 방해가 되기도 하나, 전반적으로 과거의 평가 패러다임에서 미래지향적 평가 패러다임으로 전환되어 가는 과정에서 나타나는 현상이라 할 때, 긍정적으로 해석할 수도 있다. 2장(권순애)은 평가 혁신이 다분히 이러한 담론에만 의지하는 게 아니라 이미 국가교육과정에 명시된 지 꽤 오래되었음을 알려준다.

교사의 교육적 활동은 국가교육과정에 근거하는 경우가 많다. 국가교육과정은 때로 교사의 자율권을 제한하는 규정으로 역할을 하지만, 교사의 교육적 권위 보장에 도움이 되기도 한다. 이 책 곳곳에 교사가 목적이 이끄는 평가를 하는 데 방해가 되는 것이 학부모 민원에 대한 우려(때로 고교에서는 학생들의 이의제기)라는 내용이 등장한다. 이러한 우려에도 불구하고, 국가교육과정은 학생평가와 관련하여 교사들이 어떤 책임이 있는지 밝혀 주고 있다. 때로 이러한 규정은 "평가는 모든 학생들이 교육 목표를 성공적으로 달성하기 위한 교육의 과정으로 실시한다"라고 명시함으로써 목적이 이끄는 평가의 중요성을 밝혔다. 또한 교사는 다양한 방법으로 학생의 목표 도달도를 확인하고, 수업의 질 개선을 위해 평가 자료를 활용해야 한다고 명시하였다. 더욱이 학교에서 선다형 일변도의 지필 검사가 많다는 것을 인식하고, 서술형 주관식 평가와 표현 및 태도에 대한 관찰평가가 조화롭게 이루어질 수 있어야 한다고도 부가하였다. 이러한 기조는 약간의 문구 조정이 있었을 뿐, 2009, 2015, 2022 개정 교육과정에도 그대로 이어졌다. 현행 교육과정에서는 아예 "학생에게 배울 기회를 주지 않은 내용과 기능은 평가하지 않도록 한다"라고 규정함으로써 현장에서 종종 발생하는 문제를 미연에 방지하기 위한 공적 근거를 마련하였다. 이러한 사실은 평가 혁신에 대한 교육부의 태도를 잘 보여 준다. 다시 한번 강조하건대, '목적이 이끄는 평가'에 대한 공적 규정은 상당히 명료하게 마련되었다. 이제 규정과 현장 실천이 서로의 발전을 이끌어야 가야 하겠다.

아이들이 바람직하다고 보는 평가는 '생각을 이끄는 평가'구나!

학생들은 평가의 대상이다. 그렇지만 이들은 동시에 공교육의 목적이다. 아이들을 위해 학교가, 교사가, 교과서가 존재하는 것이기 때문이다. 평가의 대상이자 공교육의 목적에 해당하는 학생들은 과연 평가에 대해 어떻게 생각할까? 학생들은 아직 미숙하다. 하지만 아이들의 생각과 목소리를 궁금해하며, 이들이 평가에 대해 어떻게 생각할까 알아보는 것은 중요하다. 우리는 이 책을 기획하는 과정에서 과연 학생들은 자신들이 받게 되는 평가를 어떻게 인식하는지 알아보기로 했다.

그 역할은 중학생을 가르치고 있는 김아라 교사(3장)가 맡았다. 우리는 학생평가의 목적이 학생들에게 주어진 교육 목표를 달성시키고, 전면적으로 발달, 성장시키는 것이라고 배웠다. 그런데 과연 '미숙한' 학생들도 이러한 평가의 목적에 동의하고, 또 그것을 잘 알고 있을까? 김아라 교사는 학생들이 평가를 관습적으로 당연시하며, "그 결과가 상위 학교 진학 등에 중요하게 작용하기 때문에 무비판적으로 받고 있는 것은 아닐까?" 걱정스러웠다. 다행히 학생들은 설문조사에 매우 성실히 응답해 주었으며, 소위 '건질 수 있는' 정보가 많았다. 물론 어떤 학생은 자신의 상태를 고려해서, 스스로에게 유리한 응답을 하기도 했다. 그러나 학생들은 집단지성이 있었다. 많은 학생이 '이런 평가가 바람직하다'고 밝혔던 평가는 '학생들이 스스로 생각하게 이끄는' 평가였다. 점수라는 결과보다는 과정 자체를 통해 스스로 깨우치도록 이끌어 주는 평가였다.

학생들이 볼 때, 바람직하지 않은 평가는 암기만 종용하고, 깊이 있는 학습으로 이끌지 못하는 평가였다. 그리고 교사들이 학생들의 목소리를 경청해야 할 것 중 하나는 충분히 배우지 않은 상태에서 이루어지는 평가다. 이에 대한 학생들의 불만이 크다는 점에 대해 다시금 생각해 봐야 할 것이다. 우리는 이 책을 공동으로 집필하면서, 학생들에게 의견을 물어보기 정말 잘했다는 이야기를 나누었다. 학생은 평가의 대상이지만, 평가는 학생들을 위해 하는 것임을 깨닫는 데 도움이 되는 설문조사였다.

교사의 평가 전문성도 교육 목적만 생각하면 된다.

우리가 이 책을 처음 기획했을 때, 단위학교 교사 학습공동체에서 서로 읽어 보고, 교사들의 전문성을 키울 수 있는 실질적인 교과서를 만들 필요가 있다는 데 의견이 모아졌다. 물론 모두 훌륭한 책이

지만, 학생평가에 대한 저서는 외국 번역서, 대학 학부 교재, 그리고 다소 사례 중심의 현장 저서들이 주를 이루고 있다. 우리는 한국의 교사들이 이 시점에서 읽고 싶고, 읽어서 교사들에게 유용하고, 전문성을 신장시킬 수 있는 종합적인 서적이 필요하다고 판단했다.

더욱이, 이 책의 4장(최금연)에서 잘 지적했듯이, 3년가량의 강제로 소환된 미래, 코로나19 상황은 학생평가에 대한 새로운 성찰을 요구하고 있다. 최금연 교사는 4장에서 "경쟁의 내면화를 통해 우월감과 열등감을 경험하게 하는 평가에서 인정과 협력을 통해 자존감과 자기효능감을 형성하는 평가가 되도록 학교에서는 평가 전문성 향상을 위한 공동체적 평가 문화를 조성할 필요가 있다"고 이야기하였다. 그래서 모든 교사 책무의 본질인 수업 지도에 크나큰 영향을 주면서, 학생들이 학습하는 방식을 유도해 가는 평가를 잘 운영하기 위해, 교사가 갖추어야 할 전문성을 정리해 놓았다.

이 전문성은 누구나 아는 듯하지만, 종종 잊고 있다. 이 전문성은 교사의 능력 측면에서, 첫째, 교과나 단원의 목적에 가장 적합한 평가 방법을 찾아내는 능력, 둘째, 교육 목표 달성 여부를 가장 효과적으로 알아볼 수 있는 평가 도구를 개발할 수 있는 능력, 셋째, 루브릭을 만들고 채점할 수 있는 능력, 넷째, 학생평가 결과를 해석(추론)하고 성적을 부여할 수 있는 능력이다. 여기에 하나를 더한다면, 선별보다는 성장 중심의 관점에서 학생들에게 효과적인 피드백을 줄 수 있는 능력과 태도이다. 이러한 전문성은 모두 목적이 이끄는 평가라는 큰 원리 속에 수렴될 수 있다. 이 책은 어떤 교사가 읽더라도 이러한 능력을 고루 키울 수 있도록 구성했다. 이 각각의 전문성이 각 장에서 독립적으로 다루어질 수 있게 하였다.

4. 효과적인 학생평가 전략

2부는 1부에서 이루어진 원론적인 논의에 기초하여 더욱 유용한 평가 전략에 대해 다루었다. 저자들은 이 책을 동료 교사들이 읽는다고 생각하고 독자들에게 큰 도움이 될 수 있는 전략 중심으로 내용을 전개하기로 했다. 이러한 도움을 주려면 이 시점에, 다음과 같은 질문이 중요하다고 보았다.

첫째, 성취평가제의 취지를 어떻게 살릴 것인가?
둘째, 수업과 평가를 어떻게 유기적으로 구성할 것인가?
셋째, 수행평가, 어떻게 효과적으로 운영할 수 있을까?
넷째, 효과적인 형성평가, 어떻게 운영하면 좋을까?
다섯째, 효과적인 피드백 전략은 무엇인가?
여섯째, 어떤 것이 잘된 루브릭(채점기준)일까?
일곱째, 지필평가, 어떻게 운영하면 좋을까?

이 질문에 각 장의 저자가 일차적으로 답을 하고, 전체 저자들은 여러 차례의 토론을 통해 이를 서로 보완해 주었다. 그 결과 다음과 같은 결론을 도출할 수 있었다.

- 성취평가제를 제대로 구현하는 것이 목적이 이끄는 평가다.
- 평가와 수업을 동시에 생각하자.
- 내가 지금 하고 있는 것이 꼭 필요한 수행평가인지 질문해 보자.
- 어떤 교사가 모든 학생의 교육 목표 도달을 중시한다면, 형성평가를 잘하고 있을 것이다.
- 전문적인 교사는 피드백의 원래 목적을 알고 있다.
- 잘 만들어 놓은 루브릭은 학생과 교사, 모두에게 도움이 된다.
- 선다형 객관식 시험의 장점을 활용하는 능력과 그것을 절대시하지 않는 태도, 둘 다 필요하다.

이 책의 제목인 '선생님, 평가 어떻게 하세요?'는 사실상 '선생님, 성취평가제 어떻게 하세요?'와 같은 질문이다. 그 이유를 생각해 보자.

성취평가제를 제대로 구현하는 것이 목적이 이끄는 평가다.

성취평가제는 절대기준평가, 절대평가, 준거참조평가와 같은 것이다. 성취평가제에 대한 정의는 장황하지만, 상대평가가 아니라는 점이 중요하다. 성취평가제라는 용어가 등장한 것은 2012년 12월로, 당시 교육과학기술부는 성취평가제 도입을 주요 내용으로 하는 중등학교 학사관리 선진화 방안을 발표했다. 성취평가제에 대한 공식적인 정의는 "학생 점수의 상대적 서열에 따라 누가 더 잘했는가를 평가하는 것이 아니라 학생이 무엇을 어느 정도 성취하였는가를 평가하는 제도"이다. 그리고 성취평가제 아래에서 교사들은 교과목별 성취기준에 도달한 정도에 따라 학생의 학업성취수준을 결정한다.

성취기준은 '내용+행동'의 형식으로 진술되는데, 내용이란 세부 교과 내용을 말하고, 행동은 수행해 보일 수 있는 능력이다. 이때 행동은 안다, 파악할 수 있다, 추론할 수 있다, 해석할 수 있다, 문제를 해결할 수 있다, 분석할 수 있다, 종합할 수 있다, 창안할 수 있다, 공감할 수 있다, 감상할 수 있다, 비판적으로 사고할 수 있다, 실천할 수 있다, 태도를 갖는다, 습관을 들인다, 참여한다 등 다양한 동사로 표현된다. 목적이 이끄는 평가는 학생들이 이 동사와 같이 행동할 수 있게 되었는지 알아보기 위해, 즉 목적 달성 여부를 알아보는 데 가장 효과적인 평가 방법을 찾도록 한다.

어떤 목표는 선다형 객관식 시험이, 어떤 목표는 외워 쓰도록 하는 단답형이, 어떤 목표는 논술형 평가가, 또 어떤 목표는 수행평가나 참평가가 가장 효과적인 도구일 것이다. 그럼에도 지나친 경쟁의식에 사로잡힌 문화 속에서는 상대평가만이 공정한 것처럼 생각하도록 이끈다. 선다형 객관식 평가는 여러 번 평가했을 때 같은 결과가 나올 확률은 높을 수 있으나, 위에 언급한 목표 중에서 중요한 많은 목표는 객관식 시험으로 평가하기에 달성 여부를 정확히 알 수 없다. 객관식 선다형 지필평가도 물론 중요한 평가 도구이지만, 이는 어디까지나 그것이 재기에 효과적인 목표에만 해당하는 것이다. 하지만 객관식 위주의 상대평가만이 공정한 평가라는 사회적 인식을 깨기 어렵다. 그러므로 학교는 이러한 사회적 편견과 대결을 벌일 수밖에 없다. 그 대결에서 교사들까지 이러한 편견을 지니고 있다면, 결코 유리한 대결이 될 수 없을 것이다. 목적이 이끄는 평가는 이러한 상대평가에 사로잡힌 사회적 편견을 극복하는 데 큰 도움이 될 것이다. 성취평가제를 제대로 구현하는 것이 목적이 이끄는 평가다. 이 책의 5장(안정현)을 읽으면, 이에 대해 쉽게 수긍할 수 있을 것이다.

평가와 수업을 동시에 생각하자.

수업과 평가를 유기적으로 연계해야 한다는 이야기가 나온 지는 아주 오래되었다. 그렇지만 실천을 통해 실질적인 변화를 가져오기는 쉽지 않았다. 이 연계는 초등학교 저학년으로 갈수록 용이하고, 고등학교 3학년으로 갈수록 어렵다. 수업과 평가가 유기적으로 연계되어야 하는 것은 그 자체가 목적이 아니다. 학생들이 주어진 교육 목적과 교육 목표를 달성하는 데 이 연계가 도움이 되기 때문에 그것을 주장하는 것뿐이다. 그러므로 수업과 평가의 연계 역시 '목적이 이끄는 평가' 관점에서 바라보면 된다. 어떤 교육 목표가 전수와 암기에 있다면, 수업도 전수와 암기 위주로 운영하는 것이 효과적이다. 교육 목표가 문제 해결이라면, 수업 시간에 문제 해결 방법을 가르쳐 주고, 문제 해결 과정을 경험하게 해 주며, 평가에서는 실제로 문제 해결을 할 수 있는지 목표 달성 여부를 알아봐야 한다.

이러한 교육 목표는 수업 시간에 그 달성 여부를 판단할 수 있는 증거를 모아야 할 것이다. 바로 이러한 이유로 수업과 평가가 연계되어야 한다. 더 정확히 표현하면, '평가가 수업에 연계'되어야 한다. 그러므로 교사는 평가 계획과 수업 계획을 동시에 하게 되며, 수업 중에 얻은 학생 정보를 갖고 학생에게 피드백을 해 주면, 학생들이 수행한 것(또는 수행하고 있는 것)에 대해 판단하기 위해 미리 루브릭을 만드는 것이 효과적이다. 그렇기 때문에 이 책에서 다루고 있는, 미리 하는 평가 계획, 피드백, 루브릭과 같은 전략들은 바로 '평가와 수업을 동시에 생각하기'라는 원리에서 나온 것이라 볼 수 있다. 6장(김현정)을 잘 읽으면, 이에 대해 명확히 이해할 수 있을 것이다.

내가 지금 하고 있는 것이 꼭 필요한 수행평가인지 질문해 보자.

수행평가를 열심히 하는 것보다 더 중요한 것은 꼭 필요한 수행평가를 하는 것이다. 다소 과장해서 말한다면, 꼭 필요한 수행평가라면 교사가 열심히 안 하더라도 효과가 있을 것이다. 그래서 '내가 지금 하고 있는 것이 꼭 필요한 수행평가일까?'라는 질문을 염두에 두는 것이 좋다. 다시 말해 목적이 이끄는 수행평가여야 한다. 수행평가는 객관식, 선다형 시험이 학생들에게 암기 중심 학습과 시험 잘 보는 기술 습득보다는 보다 고단계 사고력과 문제 해결 능력을 키우기 위해 시작된 것이다.

7장(박현정)에서도 잘 밝혔듯이, 수행평가의 목적은 구체적인 문제 상황에서 학생이 실제로 행동하는 과정 및 결과를 평가하고 동시에 학생들이 그런 식으로 학습하도록 유도하는 것이다. 학습 결과나 점수 획득 중심의 평가에서 벗어나 과정 중심의 평가를 지향하며, 그 과정에서 학생들의 의사소통 능력을 키우는 것이 수행평가의 주요 특징이다. 그래서 교사들은 수행평가 문제를 개발하기 전에, 교육 목표를 먼저 확인해야 한다. 수행평가는 평가 방법이자 동시에 학습 촉진 도구라는 두 가지 기능이 모두 중요하다. 그래서 적어도 다음과 같은 질문을 스스로에게 던지면 된다. 첫째, 주어진 교육 목표 중에서 어떤 것을 지필평가로 하고, 어떤 것을 수행평가로 해야 하나? 둘째, 내가 낸 수행평가 과제가 교육의 목표 달성 여부 확인 및 학생들에게 그 공부(목표 달성)를 시키는 데 효과적인가? 여기에 하나 더 추가한다면, 다른 과목에서도 수행평가가 많을 텐데, 학생들에게 이 과제가 비용-효과적인가? 결국 가급적 학생들에게 너무 많은 부담을 주지 않으면서도 최대한 교육 목표 달성에 최대한 효율적인 과제를 개발하는 것이 오늘날 교사가 갖추어야 할 전문성이자 실천지일 것이다.

어떤 교사가 모든 학생의 교육 목표 도달을 중시한다면, 형성평가를 잘하고 있을 것이다.

최근 과정중심평가라는 용어가 중시되고 있다. 과정중심평가는 결과 중심의 총괄평가에만 주목하던 습관을 바꾸기 위해 나온 용어다. 학기 중간 시점과 끝나는 시점에서 보는 중간, 기말 시험을 총괄평가라고 한다면 수시로 필요하다고 느끼는 경우 학습을 도와주기 위한 평가를 형성평가라 부른다. 형성평가, 총괄평가 모두 중요하다. 문제는 지나치게 총괄평가 위주의 시험이 사실상 지배적 평가 활동으로 인식된다는 데 있다. 총괄평가 역시 학기 말 또는 학년 말에 피드백을 통해 학생들에게 부족한 점을 알려 주고, 교사 자신의 수업을 개선할 수 있다. 그렇지만 몇 차례의 총괄평가는 바로바로 피드백을 줄 수 없기에 한계를 지닌다. 현행 국가교육과정에서도 "학습의 결과뿐만 아니라 학습의 과정을 평가하여 모든 학생이 교육 목표에 성공적으로 도달할 수 있도록" 할 것을 명시하고 있다. 여기서 중요한 것이

'모든 학생의 교육 목표 도달'이다.

어떤 교사가 모든 학생의 교육 목표 도달을 중시한다면, 형성평가를 아주 잘하고 있을 것임이 틀림없다. 왜냐하면 형성평가는 그때그때 모든 학생이 의도한 교육 목표를 달성했는지 확인해 보고 넘어가기 위한 장치이기 때문이다. 이 책에서 여러 평가 관련 전문용어가 많이 나오지만, 형성평가와 가장 관련성이 높은 용어는 피드백일 것이다. 교사가 수시로 특정 학생에게 도달하지 못한 교육 목표가 있는지 그때마다 피드백을 주어 다 같이 교육 목표를 달성하도록 이끄는 것이 형성평가이기 때문이다. 더욱 효과적인 형성평가 전략에 대해서는 8장(김선종)에도 잘 나와 있다.

전문적인 교사는 피드백의 원래 목적을 알고 있다.

오늘날 성장중심평가, 과정중심평가, 성장참조평가 등 새로운 평가 전략에 대한 교사들의 전문성과 실천 의지가 강조되고 있다. 하지만 정작 중요한 것은 피드백이다. 이 모든 중요하다는 평가 전략들은 피드백 없이 효과적으로 성취될 수 없다. 피드백은 꼭 안 해도 되는 것이지만 좋은 교사가 되기 위해서 하면 좋은 것도 아니다. 피드백을 주는 것이 평가의 당초 목적이다. 그러므로 피드백을 택일의 문제로 보아서는 안 된다. 평가 활동은 교육 목표의 달성 여부를 알아보는 것인데, 그 목적은 학생들에게 목표 달성이 안 된 부분을 알려 주어 결국 목표 달성을 도와주기 위한 것이다. 그러므로 피드백이야말로 이 책의 부제, '목적이 이끄는 평가'와 밀접한 관련성을 지닌다.

9장(신혜림)에는 도덕 교사인 저자가 글을 쓰는 과정에서 학생들에게 피드백을 주기 위해 노력한 결과가 잘 나타나 있다. 이 경험은 저자들이 이 책에 접근하는 인식과 관련이 있는데, 바로 교사들이 너무 바쁘다는 것이다. 신혜림 교사가 논술 수행평가 후 개별적인 서면 피드백과 구두 피드백을 시도해 본 결과, (1) 피드백 평가지를 쓰는 데 너무 많은 시간이 걸린다는 점, (2) 학생들에게 서면 피드백을 나누어 준 다음 한 사람씩 불러 구두 피드백을 하는 시간이 너무 부족하다는 점을 느꼈다. 이러한 경험은 교사들에게 '피드백이 중요하니 열심히 하라'는 말이 너무 공허한 것임을 깨닫게 해 준다. 이렇게 하다간 한 학기도 못 하고 소진만 남을 것이다. 이에 효과적인 피드백을 위해서는 (1) 우선 성취기준에 도달한 학습자를 몇 개의 집단으로 유형화하여, 그에 맞는 피드백을 동시에 주는 것이 필요하며, (2) 이렇게 해서 확보된 교사의 에너지와 시간으로, 노력은 했으나 성취기준에 미달한 학생들을 위해 개별 피드백을 제공할 필요가 있다. 마지막으로 (3) 동기 유발이 필요한 학생들은 한 명씩 개별로 수업 외 시간에 구체적인 개별 피드백을 제공하는 것이 효과적이었다고 한다.

이와 같은 '실천지'는 교사가 직접 실천하는 과정에서 습득될 수 있다. 그렇지만 언제나 평가의 목적이 원래 피드백을 주기 위한 것이었음을 염두에 두는 것이 중요하다. 그것만 인식하고 있다면, 교사들은 나름대로 비용-효과적인 피드백 전문성을 만들어 갈 수 있을 것이다. 그리고 이러한 피드백이 인지적 측면을 넘어 어떻게 교사-학생 사이의 신뢰, 보람, 정서적 안녕감을 높일 수 있는지는 9장에 잘 나와 있다.

잘 만들어 놓은 루브릭은 학생과 교사, 모두에게 도움이 된다.

이 책은 교사들이 루브릭을 적극적으로 활용할 것을 제안한다. 루브릭은 한번 잘 만들어 놓기만 하면 장점이 아주 많기 때문이다. 10장(윤서연)에서는 루브릭의 장점을 네 가지로 밝혀 놓았다. 첫째, 루브릭은 학생들에게 메시지 전달이 용이하다. 학생들이 좋은 점수를 받기 위해 수행평가 결과에 어떤 요소가 들어가야 하는지 명료하게 밝힘으로써, 학생들에게 과제의 성격을 잘 전달할 수 있다. 둘째, 교사가 피드백하기 편하다. 수행평가에서는 학생들에게 피드백을 주는 것이 중요한데, 모든 학생에게 피드백을 주기에는 학생 수가 너무 많다. 루브릭은 학생들이 어떤 부분에서 부족했는지 파악하게 함으로써 자동적으로 피드백을 줄 수 있다. 셋째, 평가의 신뢰도가 높아진다. 루브릭에 의한 평가는 똑같은 과제를 다시 평가해도 비슷한 결과가 나올 개연성을 높인다. 그래서 평가 후에도 교사의 마음이 편할 수 있다. 그래서 학생들의 이의 제기에 대응하기에도 이전보다 수월할 수 있다. 넷째, 교사들이 빨리 채점할 수 있다. 루브릭은 과제의 핵심 요소에 대한 판정을 체계적으로 할 수 있기에, 책상에 쌓여 있는 학생들의 수행과제를 비교적 빨리 해결할 수 있다. 이 책을 통해 교사 독자들이 루브릭을 효과적으로 만들고 사용함으로써, 그 장점을 누릴 수 있길 바란다.

선다형 객관식 시험의 장점을 활용하는 능력과 그것을 절대시하지는 않는 태도, 둘 다 필요하다.

가장 좋은 평가는 학생이 교육 목표에 잘 도달했는지 확인하는 데 가장 효과적인 도구가 될 수 있는 평가이다. 그동안 지필평가, 그 중에서도 선다형 총괄평가가 지나치게 많아서 문제였을 뿐 지필평가 그 자체는 아무 문제가 없다. 오히려 지필평가는 가장 전통적인 평가로서, 매우 효과적이고, 많은 장점을 지닌다.

11장(김보희)은 학교에서 가장 많이 사용하고 있는 지필평가에 대해 다루었다. 지필평가는 대표적으로 선다형, 단답형, 논술형 등이 있는데, 논술형은 수행평가에서도 많이 사용된다. 이 중에서 단답형은 수업 시간에 학생들이 배운 내용 중에서 반드시 외워야 할 것을 외웠는지 확인하는 데 매우 효과적인 평가 방법이다. 선다형은 채점이 편하기 때문에 교사가 신속하게 학생들의 수준을 진단하는 데 사용할 수도 있다. 다만 어떤 교사가 학생이나 학부모로부터 이의 제기가 적고, 기계에 의한 채점이 가능해 선다형 평가를 선호한다면 그것은 잘못이다. 채점의 편의성도 물론 주요 고려할 사항이지만 그것은 부수적인 효과일 뿐, 선다형 평가는 교육 목표 달성 여부를 확인하면서 선다형 평가가 가장 효과적이라고 판단될 때 사용하는 것이다. 또 평가의 목적이 선별에 있을 때 선다형 평가가 효과적이다. 이는 초등학교와 중학교에서는 거의 해당 사항이 없으며, 고등학교에서는 과목에 따라 선별(내신 9등급 산출) 목적으로 평가하는 경우가 있다.

물론 초등학교와 중학교에서 총괄평가의 일환으로 선다형 문항을 주로 활용할 수 있다. 그러나 이 경우에도 선다형 평가의 비중이 지나치게 높은 것은 바람직하지 않다. 이에 선다형 시험과 관련하여, 교사들은 다음과 같은 사항을 고려할 필요가 있다. 첫째, 선다형 객관식 시험의 비중과 수행평가 등 다른 유형의 평가 비중을 어떻게 정할 것인가. 둘째, 선다형 객관식 시험을 통해 어떤 교육 목표 달성 여부를 알아볼 것인가이다. 다시 말해 전문적인 교사는 선다형 객관식 시험의 장점을 활용하는 능력, 그리고 그것을 절대시하지 않는 태도, 둘 다 갖추어야 한다. 이에 대해서는 11장에서 잘 다루고 있다.

이 책은 협력적 실천연구라고 하는 연구 방법론을 적용한 프로젝트의 결과다. 나는 그동안 현장의 문제를 교사들과 함께 협력적으로 해결해 보고자 '함께 학습 → 전략 도출 → 책 집필'의 노력을 해 왔다. 교사들의 언어로, 교사들의 톤으로, 교사들의 마음으로 책을 썼을 때, 많은 교사 독자들과 진심으로 만날 수 있었다. 교사들과 연구자들이 함께 만나 이론과 현장 경험을 나누고, 그 결과를 책으로 냄으로써 전국에 있는 교사들과 다시 만나는 작업은 보람 있는 일이다. 그동안 출판사 살림터가 이 일에 함께하였다. 이 프로젝트의 저서 목록은 다음과 같다.

- 『교육과정 통합, 어떻게 할 것인가?』2017
- 『학교는 어떤 공동체인가?』2019
- 『학교를 민주주의의 정원으로 가꿀 수 있을까?』2020
- 『포스트 코로나 시대의 교육: 학교는 어떤 미래로 나아갈 것인가』2021

이제 『선생님, 평가 어떻게 하세요?』라는 저서로 전국의 교사들을 만나고 싶다. 이 책은 특히 '평가 전문성 신장을 위한 교사 연수 교재'라는 정체성을 지닌다. 이 책은 몇 가지 측면에서 기존의 저서들과 차별성 및 의의가 있다. '왜 그런가 하면', 이 책은 기존의 교과서처럼 교사의 전문성과 다소 무관한 측정 이론과 거리를 두는 것이고, 또 기존의 교사 집필 저서처럼 단편적인 실천에 머무르는 것이 아니기 때문이다. 대신에 이 책은 학생평가의 패러다임 변천을 이론적으로 포착하고, 교사들의 전문성 신장에 당장 도움이 될 만한 영역들을 포괄하고자 노력하였다.

1부에서는 학생평가 패러다임과 교사 전문성을 다루고, 2부에서는 수행평가, 지필평가, 루브릭, 피드백 등 교사들이 당장 목말라하는 역량을 높이기 위한 실질적 전략을 다루었다. 위에서 언급했듯이, 우리는 교사들의 평가 전문성을 키울 수 있는 실질적인 교재를 세상에 내놓고자 했다. 비록 미진한 부분이 많겠으나 한국 교사들의 유능함과 실천지로 빈 곳을 채워 가며, 다음 학기부터 학생평가 계획을 세우고 실천하는 데 큰 도움을 받을 수 있다면, 더 바랄 게 없다.

1부

평가제도의 새로운 변화

1장
평가를 바라보는 우리의 시선 • 김수정

2장
학생평가제도, 어떻게 변화하고 있는가? • 권순애

3장
학생들이 생각하는 평가의 문제점과 개선 방향 • 김아라

4장
교사가 갖추어야 할 평가 전문성은 무엇인가? • 최금연

1장
평가를 바라보는 우리의 시선

김수정

1. 평가관 함께 세우기

사람은 사물이나 현상을 어떤 각도에서 보는가에 따라 세계관이 달라진다. 같은 현상을 볼 때, 나의 시선이 머무는 곳은 어디일까? 우리 교사들은 평가에 대해 바라볼 때, 무엇을 보고 있을까? 여러분은 간혹 다음과 같은 그림을 본 적이 있을 것이다.

가장 먼저 보이는 것은?

이것은 미국 피츠버그 동물원과 수족관의 로고이다. 이 그림은 보이는 사물에 따라 사람들의 사고방식과 성격이 어떻게 다른지 해석할 때 사용되기도 한다. 여러분은 나무, 고릴라, 사자, 물고기 중 무엇이 먼저 보이는가? 교사들이 평가에 대해 바라보는 시선도 위의 이미지가 내포하는 것처럼 다양하다. 교사도 학생들을 평가할 때 수행 과정에서 두드러지게 관찰되는 학생의 행동에 주목할 것이기 때문이다. 또 교사의 평가 관점에 따라 학생의 수행에 대한 관찰과 결과에 대한 해석이 달라질 수도 있다. 그렇다면 우리는 잘못된 판단을 하지 않기 위해 학생평가 수행 과정이나 결과물을 어떻게 바라보아야 할까?

사람이 의식을 집중하여 특정한 것에 주목할 때 요구되는 것이 민감성이라고 한다. 우리가 학생을 평가할 때 얼마나 민감성을 갖고 보는지에 따라서 중요한 정보를 획득할 수도 있고 간과할 수도 있다. 또한 교사의 평가관이 편협하거나 왜곡되어 있다면 지엽적인 관찰 정보를 일반화하여 해석하는 오류를 범할 수도 있다.

교사들이 평가에 대해 생각하는 방식은 다양하고 상이할 수 있고, 이러한 다양성이 오히려 극단주의 사고를 지양할 수 있다. 그러나 그것이 다양성이 아니라 동상이몽이라면 이야기가 달라진다. 긴 시간 교직원 회의를 했지만 서로의 관점 차를 좁히지 못하고, 의견만 난무하며 끝났던 경험이 다들 있을 것이다. 문제가 있을 때 그 문제를 해결하지 못하는 가장 큰 걸림돌은 무엇일까? 사람들은 대부분 문제 자체가 난해하기 때문이라고 생각할 것이다. 맞는 말이다. 하지만 공동체가 공동 문제를 해결하기 어려운 까닭은 때로는 다른 원인이 있는 경우가 많다. 동상이몽이라는 사자성어처럼 문제에 대한 선개념이 다르거나 인식의 차이로 인해 합의점을 찾기 어려운 점이 문제 해결의 더 큰 어려움으로 작용하는 것이다. 교사들은 평가에 대한 자신만의 고집을 내려놓고 교육적으로 가장 바람직한 평가는 무엇인지 대화를 할 필요가 있다.

교사들은 학생평가를 하면서 다양한 어려움을 겪는다. 혹시 우리의 평가 고충이 각자의 동상이몽이나 피상적인 해석으로 인해 진일보하지 못하는 것은 아닐까? 이제 이 장에서 우리가 미처 인식하지 못한 평가에 대한 모호한 시선들을 살펴보며, 스스로 한정 지은 평가의 세계관을 넓히는 계기가 되었으면 좋겠다.

2. 평가의 목적 인식하기

최근 평가 동향 확인하기

최근 교육에 대한 관점은 학생의 변화와 성장에 초점을 맞추어, 결과뿐 아니라 과정 또한 중요시하고 있다.[김신영, 2012] 과정중심평가, 교사별 평가, 성취평가제 확대, 성장중심평가 체제 등이 그것이다. 하지만 명확한 개념 정의나 평가 방법에 대한 합의는 아직 이루어지지 않은 상태이다. 구성주의 관점에서는 평가 단계 중 교사의 역할을 학생의 성장을 도울 수 있는 구체적인 피드백을 제공해 주는 것으로 정의하고 있다. 또한 학습자의 현실을 매우 중요하게 생각하며, 삶과 앎의 연계가 여기서 출발하고 있다. 평가를 바라보는 관점이 과거

'선발'적 관점에서 학생의 '성장'을 주목하는 평가로 패러다임이 전환되고 있는 것이다. 한국교육과정평가원에서 내놓은 성취평가제 안내 자료를 보면. 평가의 지향점을 상대적 서열에 따라 '누가 더 잘했는지'를 평가하는 것이 아니라 '학생이 무엇을 어느 정도 성취하였는지'를 평가하는 성취평가제로의 전환을 표방하고 있다.

최근 평가 동향은 OCED 학습 나침반Learning Compass 2030에서도 쉽게 확인할 수 있다. 이는 한국의 국가교육과정에 거의 그대로 영향을 주었다. 2022 개정 교육과정은 학생 행위주체성student agency[1]과 변혁적 역량transformative competencies[2], 두 가지 역량 함양을 강조했다. 이에 더하여 깊이 있는 학습, 교과 간 연계와 통합, 삶과 연계한 학습, 학습과정에 대한 성찰이라는 네 가지 지향점을 구현하는 방식으로 [표 1-1]과 같이 교수·학습 및 평가 방향을 설정하고 있다.

평가 실시에 앞서 가장 상위 목표를 확인하는 일은 평가의 길을 잃지 않는 첫 단추가 된다. 교사들이 평가관을 함께 세우는 과정에서 가장 먼저 확인할 것이 평가의 목적에 대한 인식이다. 한편 최근 코로나바이러스 팬데믹과 AI의 발전은 평가관 세우기에서 새로 등장한 외부적 환경 변화이다. 이에 평가관을 함께 세우는 작업 과정에

1. OCED 학습 나침반(Learning Compass)은 2030에서 제시한 개념으로 학생 스스로 목표를 설정하고 반영하여, 변화에 영향을 미치기 위해 책임감 있게 행동할 수 있는 능력으로 정의하고 있다. 학생들이 자신의 삶과 주변 세계에 긍정적인 영향을 줄 수 있는 능력과 의지를 지니고 있다는 믿음에 뿌리를 두고 있다.
2. 학생들이 세계에 기여하고 더 나은 미래를 형성하기 위한 주요 역량이다. 새로운 가치 창출, 긴장과 딜레마의 조화, 책임감이라는 세 가지 하위 요소로 구분하고 있다.

[표 1-1] 교수·학습과 평가의 방향

교수 학습	• (방향) 교과 목표(역량) 달성을 위한 교수·학습의 강조점, 학생 맞춤형 수업, 다양한 학습자에 대한 고려 등 교수·학습의 원칙과 중점을 제시 • (방법) 교과별 구체적인 교수·학습 모형과 방법 제시, 온·오프라인 연계 수업 등 상황에 맞는 원격수업, 빅 데이터·AI를 활용한 맞춤형 수업 제시
평가	• (방향) 창의력, 비판적 사고력 등 미래역량 함양을 위한 평가 방법 개선, 원격수업에서의 평가, 다양한 학습자를 위한 평가 등 평가의 원칙과 중점 제시 • (방법) 학생의 학습을 지원하고 학생 스스로 자신의 학습을 성찰할 수 있는 평가 방법 제시(과정중심평가, 서·논술형 평가, 개별 맞춤형 피드백 강화 등)

2022 개정 교육과정 총론 주요 사항에서

서, 코로나19 이후 교육현장의 새로운 패러다임을 반영하여 디지털 기반의 온·오프를 연계한 평가도 고려할 부분이다.김수진 외, 2022 이에 대한 평가 방향은 1부의 3장에서 자세히 살펴보기를 바란다.

평가의 목적 잊지 않기

최근 평가의 지향점을 살펴보았다. 그렇다면 지필평가, 선다형 시험 등은 전면 폐지되고, 새로운 평가 패러다임만을 적용해야 할까? 결코 '아니다'. 현장에서 우리가 흔히 착각하는 것 중 하나가 수행평가, 과정중심평가 등만 새로운 평가 패러다임이라고 생각하는 것이다. 평가에서 중요한 것은 '측정'하고자 하는 것이 무엇인가, 즉 평가의 목적이다. 평가의 목표에 맞춰 지필이든 수행이든 성취기준을 설정하고, 평가를 실시하여 과정과 결과를 해석하면 된다. 우리가 학생 평가를 하는 궁극적인 목적은 평가를 통해 학생의 성장을 돕는 것이다. 따라서 교사에 의한 학생평가의 기능이 제대로 실행되기 위해서는 우선 학습 목표를 명료하게 구체화하여 제시해야 하고, 신뢰성 있고 타당한 평가 방법 및 도구가 활용될 수 있어야 하며, 평가가 공정하게 실시되고 긍정적인 결과를 도출해 낼 수 있어야 한다. 그렇지 않다면 잘못된 피드백을 주거나, 우리는 열심히 했지만 소진의 결과만 남기고 학생의 성장에 유의미하게 작용하지 못할 수도 있다. 평가의 목적이 무엇인지 명확히 인식할 때 학생들의 성장에 유용한 정보와 결과를 발견할 수 있을 것이다.

지필평가와 선다형 중심 평가에서 과정중심평가가 상대적으로 강조되는 것은 학교에서의 평가가 암기나 선다형 문제 풀이에 편중되어 있기 때문에 균형을 잡으려는 것임을 잊지 말자. 평가의 목적은 교육 목표 달성 여부를 확인하는 것임을 늘 염두에 두어야 한다.

3. 평가에 대한 공유인지 높이기

이제 현장 교사들이 평가에서 겪는 다양한 어려움을 교사의 인식과 실천의 두 가지 측면에서 다뤄 보고자 한다. 평가에 대한 교사의 신념 및 인식은 교수 활동에 큰 영향을 미친다. 교사의 신념 및 인식은 수업을 진행하고 학생평가를 실시하는 데 직접적으로 영향을 미치기 때문에, 학생평가와 수업 운영 방식을 개선하고자 하는 교사는 자신의 인식 습관을 검토해야 한다.

동료 교사와 함께 평가관을 세워 보려면 교사의 평가관이 얼마나 유사하고/다르고, 또 현장에서 어떤 식으로 실천하는지 공유해 볼 필요가 있다. 공유인지shared cognition는 집단의 구성원들이 문제를 인식하여 해결하며 접근해 가는 인지 방식을 공유해 가는 것이다. 이는 효율적인 문제 해결에 많은 도움이 된다. 그러기 위해서는 서로의 인식 차이 또는 유사성을 확인하는 과정에서 바람직한 평가관에 대해 합의를 높여 가는 노력이 필요하다. 교사 집단은 전문가 집단이기 때문에 상명하복식의 명령체계로는 자발성과 전문성을 이끌어 내기 어렵다. 자발적인 대화와 성찰을 통해 자신들의 수행을 발전시켜 가는 학습공동체로서 공유인지를 높여 가는 것이 필요하다.

이를 위해서는 교사들의 활동 구조activity system를 발전시키기 위한 도구가 필요하다. 잘 고안된 도구는 전문가 집단의 수행을 크게 발전시키는 효과를 가져온다. 이 장에서는 다음과 같은 설문지를 하나의 도구로 제안하고자 한다.

[표 1-2] 교사의 평가 인식과 실천에 대한 설문 내용

설문 내용	
학생 평가 인식 측면	1. 평가에 대한 자신의 책무성 수준을 표시해 보세요. ① 매우높음 ② 높음 ③ 보통 ④ 약간 낮음 ⑤ 낮음
	2. 학생평가의 목적에 가장 부합하는 항목을 고르세요. ① 학생의 수준을 알고자 하는 것 ② 최종적인 목표 도달 수준을 확인하는 방법 ③ 학생들에게 자신의 수업에 대한 이해를 돕기 위한 활동 ④ 학생의 학습과 성취에 대한 교사의 의사결정을 돕기 위해 정보를 수집하고 해석하여 활용하는 활동
	3. 평가에 대한 자신의 전문성(역량)수준을 표시해 보세요. ① 매우높음 ② 높음 ③ 보통 ④ 약간 낮음 ⑤ 낮음
	4. 선다형 시험의 대안적 평가로 수행평가, 과정평가의 개념이 등장하였습니다. 두 개념은 혼용하여 사용할 수 있는 유사 개념인가요? ① 예(5번 항목으로) ② 아니오(4-1번 항목으로)
	4-1. 4번 항목에서 '② 아니오'로 답한 경우 수행평가와 과정평가는 어떤 차이점이 있는지 쓰세요.(서술식)

학생 평가 인식 측면	5. 점수가 부여되는 시험이나 과제의 수를 제한하여, 학생들이 성적에 대해 걱정하게 하기보다는 학습(learning)에 보다 집중할 수 있게 해야 한다. ① 매우 그렇다 ② 대체로 그렇다 ③ 그렇다 ④ 다소 그렇지 않다 ⑤ 전혀 그렇지 않다
	6. 성취평가제를 실현하기 위해 가장 적합한 평가 방법을 고르세요.(복수 응답 가능) ① 지필평가(선다형, 단답형 포함) ② 형성평가 ③ 수행평가 ④ 과정평가 ⑤ 모두 다 필요
	6-1. 6번 문항에서 '⑤ 모두 다 필요'를 선택한 경우 그 이유를 쓰세요.
	7. 디지털 교육환경의 변화에 따라 다음 두 가지 평가 방향 중 어떤 것이 더 중요하다고 보십니까? ① 디지털 교육환경 변화에 따른 평가의 재개념화와 역량 개발이 중요하다. ② 디지털 교육환경 변화에 따른 에듀테크나 방법적인 면에 집중하기보다 평가의 본질과 목적에 더 집중해야 한다.
학생 평가 실천 측면	1. 학생평가를 할 때 가장 어려운 점은 무엇인가요? ① 평가 전문성 부족 ② 객관성과 공정성의 확보 ③ 계획과 실천의 분절 ④ 물리적 시간 확보 ⑤ 동료 교사와의 협의(수행비율 등) ⑥ 기타(　　　)
	2. 학생평가의 걸림돌이 되는 원인 중 가장 큰 것은 무엇입니까? ① 학생평가제도 ② 교육정책과 현장의 괴리(입시제도 등) ③ 학부모 민원 ④ 평가 업무 매뉴얼 혹은 연수 부족 ⑤ 행정적 지원 ⑥ 기타(　　　)
	3. 다음 학생평가의 전문성 요소 중 자신이 가장 부족한 영역은 무엇인가요? ① 평가 방법의 선정 능력 ② 평가 도구의 개발 능력 ③ 평가 실시 및 채점, 성적 부여 능력 ④ 평가 결과의 분석, 해석, 활용, 의사소통 능력 ⑤ 평가의 윤리성 인식 능력
	4. 수행평가 시 주로 사용하는 방법은 무엇인가요?(복수 응답 가능) ① 서술, 논술형 ② 실기 ③ 연구보고서 ④ 포트폴리오 ⑤ 토론 ⑥ 기타(　)
	5. 디지털 교육환경 변화에 따라 교사가 지녀야 할 평가 역량 중 가장 중요한 것은 무엇이라고 보나요? ① 디지털 리터러시 ② 에듀테크 활용 능력 ③ AI 논술 채점 기능 활용 능력
	6. 공학의 발전은 평가에 어떤 영향을 미칠 것으로 예상합니까?(서술식)
	7. 평가의 전문성 향상을 위해 가장 중요한 노력은 무엇이라고 생각하나요? ① 관련 연수 참여 ② 평가 공유 및 협력적 문화 조성 ③ 다양한 평가 방법 적용 및 개발 의지와 노력 ④ 수업과 평가를 연계한 일체화
	8. 성취평가제의 안정적 정착을 위해 가장 우선하여 해결할 과제는 무엇이라고 생각하나요? ① 타당성과 신뢰성 확보 ② 성적 부여의 관대화 지양 ③ 교사의 평가 전문성 함양 ④ 평가 용어의 개념 명료화와 공유 ⑤ 평가 결과에 대한 교사, 학생, 학부모의 상호 의사소통 기회 확대

학교에서 실시하는 몇 차례의 평가 연수가 있을 때, 일방적인 전달식 연수로는 그 효과가 매우 제한적이다. 전달식 연수보다는 교사들 스스로 자신들의 평가관을 점검하고 공유하며, 더욱 발전된 활동 구조로 나아갈 때 새로운 평가 패러다임에 대한 공유인지가 확대될 수 있다.

단위학교에서 이상과 같은 설문조사와 인식의 공유로 다음과 같은 효과를 기대할 수 있다.

첫째, 교사들이 자신의 평가관과 평가에 대한 실천 행위를 성찰할 수 있도록 이끌 수 있다. 즉 교사 자신의 평가 인식과 행위에 대한 평가 기회를 갖게 할 수 있다.

둘째, 가장 좋은 평가는 교육 목적 달성에 가장 효과적인 평가 도구를 사용하는 것임을 인식시킴으로써 균형 잡힌 평가관을 갖게 할 수 있다. 교사들은 다양한 평가 방식(평가 도구)을 평가의 목적에 따라 선택할 수 있는 균형 잡힌 전문성을 갖추어야 하기 때문이다.

셋째, 함께 '평가관 세우기'라는 목적을 달성하고자 할 때, 공유인지를 높이는 데 유용한 도구가 될 수 있다. 왜냐하면 나뿐만 아니라 다른 교사는 평가에 대해 어떻게 생각하는지 확인함으로써 평가의 접근법에 대해서 합의를 이루어 나갈 수 있다.

넷째, 학교 전체가 평가의 행위 패턴을 변화시켜 감으로써 교사의 고립을 막을 수 있다. 다시 말해 나홀로의 실천이 아닌 전체가 같이 변화함으로써 교사들의 실천 행위를 점진적으로 상호 고양시킬 수 있다. 이는 성찰, 균형, 공유인지, 상호지지라는 네 가지 키워드로 요약할 수 있다. 이상의 설문지는 학교급이나 학교의 유형에 따라 다양하게 변용하여 활용될 수 있다. 단위학교의 평가 연수를 이끄는 교사들이 연수에 앞서 성찰, 균형, 공유인지, 상호지지의 관점에서 이 설문 내용을 활용할 수 있으면 좋을 것이다.

4. 기본적인 평가 개념 짚어 보기

사람들은 동일한 단어라도 과거 경험과 언어 습득 과정에서 다른 스키마(인식구조)를 가질 수 있다. 따라서 교과 협의 때 교사들 간의 평가에 쓰이는 개념이나 용어에 대한 인식 차이가 대화의 진전을 어렵게 할 수 있다. 평가에 대한 명확하게 공유된 인식이 있다면 구체적인 실천이 어렵지 않을 것이다. 이 장에서는 피상적인 평가 개념을 명료화하고, 목적에 따라 유연하게 평가 방법을 적용할 수 있는 안목을 기를 수 있도록 제안해 보고자 한다. 이를 위해 교사들이 흔히 혼동하거나 어려워하는 평가 개념을 중심으로 논의를 이어 가고자 한다.

평가관과 평가 방법을 구분하자

성장참조형 평가는 평가의 방법일까, 아니면 평가의 지향점일까? 우리는 현장에서 평가의 지향점(평가관)을 평가의 방법으로 인식하고 있지 않은지 짚어 보아야 한다. 성장참조형 평가는 총합적 평가 등 결과 중심의 평가에 대한 반성적인 평가관으로 이해해야 한다. 이를 평가의 방법으로 개념 정의하여 평가의 '가시적인' 방법에 집중하면 본질이 흐려질 수 있다. 새로운 길을 걸어가는 과정에는 시행착오가 따르기 마련이다. 또한 평가의 실천 장면에서 무엇이 옳은지 판단하기는 쉽지 않은 문제이다. 그래도 용어에 대한 각자의 해석과 그에 따른 과잉 실천으로 소모적이고 비효율적인 방법들을 사용하는 것은 아닌지 성찰하는 과정은 필요하다. 실천에 앞서 평가에 대한 명확한 인식은 매우 중요하며, 교육부나 교육청으로부터 새로운 평가정책이 나왔을 때 그것이 평가관인지 평가 방법인지 구분할 필요가 있다.

[사례 1] 성장참조형 평가 이야기

경기도 혁신교육 초창기, 5대 혁신과제 중 하나로 평가 혁신이 등장한 10여 년 전의 일이다. 성장참조형 평가라는 말이 새롭게 조명되며, 학교현장에서는 성장을 '보여 주기' 위한 다양한 방법을 고민하기 시작했다. 성장참조형 평가에 대한 해석도 다양했다. 교육청에서는 평가 담당자를 위한 연수를 활발히 진행했고, 평가 혁신은 교육과정 재구성과 아울러 교육개혁의 큰 축을 이루었다. 변화와 개혁의 시기에 늘 그러하듯 현장에서는 평가에 대한 각자의 해석과 실행의 온도 차로 갈등이 빚어지기도 했다. 평가 공지 방법도 새로운 논의 대상이었다. '성장을 보여 주기' 위한 방법으로 기존 생활통지표 외에 별도의 평가 공지 시스템을 도입했다. 뭔가 그래야 할 것 같았기 때문이다. 그런데 어떤 학교에서는 완전학습식 평가를 성장참조형 평가라고 해석하고 그렇게 평가 방법을 바꾸었다. 이와 같이 평가의 방향과 방법을 명확히 구분하지 못할 때, 현장에서는 많은 혼란을 겪었다.

과정중심평가와 수행평가, 혼동하지 말자

교사들은 이 두 용어에 대한 개념 구분이 모호한 편이다. 평가 용어에 대한 개념이 학생평가를 실천하는 결정적인 걸림돌은 아닐 수 있지만, 두 개념을 명확히 구분하여 사용할 때 교육 실천 현장에서 발생하는 균열을 최소화할 수 있을 것이다.

과정중심평가는 평가관(또는 평가 패러다임)에 가깝고 수행평가는 형성평가, 총괄평가 등과 마찬가지로 평가 방법에 가깝다고 볼 수 있다. 2015 개정 교육과정에 처음 등장한 과정중심평가는 암기를 통해 정답을 찾는 기존의 시험 형태인 '결과중심적 평가'에 대한 반성으로 학생들의 문제 해결 과정 자체에 초점을 맞추는 모든 평가를 일컫는 말이다. 과정중심평가는 정책적 용어이자 선언적 구호로, 특정한 형태의 평가 유형을 지칭하는 것이 아닌 새로운 평가 패러다임에서 바람직한 평가 모습을 그린 용어라고 규정한다.신혜진 외, 2017 2022 개정 교육과정에서도 과정중심평가는 평가의 기본 추진 방향으로 설정되어 있다.

수행평가는 교사가 학생이 학습과제를 수행하는 과정이나 그 결과를 보고, 그 학생의 지식이나 기능, 태도 등에 대해 전문적으로 판단하는 평가 방식이다. 수행평가가 아닌 평가에서도 정답만 요구하는 게 아니라 문제를 해결하는 과정을 중요하게 평가한다면 그것 역시 과정중심평가의 일환으로 볼 수 있을 것이다. 또한 미술 과목에서 회화, 조각과 같은 작품을 주로 평가했다면 산출물 평가이지만 수행평가라고 할 수 있다. 즉 과정중심평가는 수행평가와 같은 말이 아니며 두 용어는 다음 그림과 같은 교집합의 관계로 보아야 할 것이다.

[그림 1-1] **과정중심평가와 수행평가의 개념적 관계**

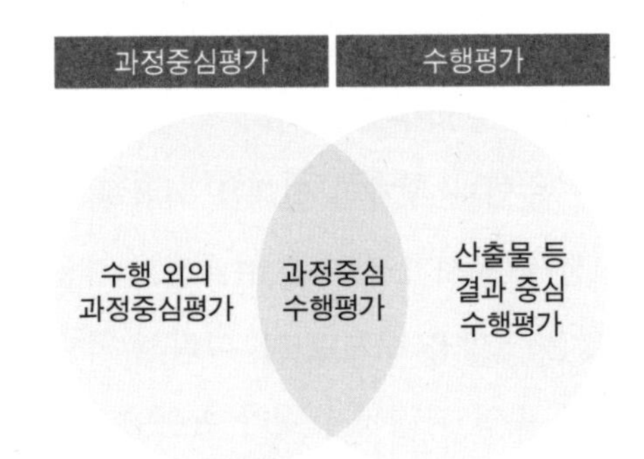

김정민, 2018, p. 9.

정리하자면 과정중심평가는 바람직한 평가관이며 수행평가는 이를 실행하기 위한 평가 방식의 하나로 볼 수 있다. 형성평가와 과정중심평가는 혼용되어 사용되기도 하며 과정중심평가를 형성평가의 구체화된 모습으로 제안하기도 한다.이경화 외, 2016 사실 수업 중에 평가는 항상 일어나고 있으며 과정중심평가는 수업 중 평가로 지칭되는 형성평가의 과정적 측면을 강조한 것으로 이해하는 것이 적절해 보인다.박정, 2017

그렇다면 모든 평가가 과정중심평가로 바뀌어야 하는가? 교육에서 평가는 원론적으로 학습을 위한 것이다. 어느 교사도 수업에서 서열과 경쟁을 위해 평가를 하지는 않을 것이다. 하지만 때로는 사회의 필요에 의해 서열과 경쟁을 위한 평가도 존재한다. 따라서 형성적 기능을 하는 평가, 총괄적 기능을 하는 평가, 진단적 기능을 하는 평가, 선발을 위한 평가와 같이 평가의 목적과 기능에 따라 평가 용어를 사용하는 것이 적절할 것이다. 또한 평가 목적에 따라 맥락에 맞는 다양한 평가 방법이 수반되어야 할 것이다.

내 평가는 내 수업을 도와주고 있나?

전통적인 평가는 수업과 평가의 연계를 어렵게 하고 효율적인 수업을 방해한다고 본다. 교사가 평가를 설계하고 적용하는 방식에 따라 수업의 질에 많은 영향을 주게 된다. 따라서 학습 목표에 성공적으로 도달하기 위해 수업 과정에서 평가 활동을 계획적으로 설계하는 것이 필요하다.

교육과정-수업-평가 일체화에서 평가를 기록으로 연결하는 경향도 있다.김덕년, 2017 교육과정에 따라 수업을 진행하고 수업 과정에서의 학생의 수행을 기록으로 남겨 입시와 선발에 필요한 진정성 있는 자료로서 기능을 하게 한다는 것이다. 2022 개정 교육과정에는 성취기준은 영역별 학습의 결과로 진술하고 내용 체계를 구성하는 요소별이 아닌, 세 가지 차원[3]의 요소를 통합한 학생의 수행을 보여 주는 문장으로 진술한다고 되어 있다. 교육과정 설계와 수업, 평가의 유기적 연계가 필요함을 명백히 시사하고 있는 부분이다.

---

3. 학생이 궁극적으로 알아야 할 것, 교과의 사고 및 탐구 과정, 교과 활동을 통해 기를 수 있는 고유한 가치 및 태도의 세 가지 차원을 뜻한다(교육부 2022 개정 교육과정 총론 주요 사항 중).

첨삭지도가 피드백은 아니다

[사례 2]

평가 결과를 유의미하게 활용하기 위해 피드백을 강화해야 한다는 의견들이 많았다. 중등에서는 물리적 시간의 제한으로 어렵겠지만 초등에서는 교사별 평가 후 활동지에 '첨삭'이 유행처럼 번진 적이 있다. 학생들의 성장을 도모하기 위해 손글씨로 작업하기도 하고, 오류가 많은 질문은 복사해서 피드백 내용을 붙이기도 했다. '피드백을 이제야 제대로 하고 있구나'라고 생각하며 빨간색 펜으로 열심히 첨삭을 했다.

물론 첨삭은 유의미한 정보를 제공하는 활동이 될 수 있다. 하지만 지금 다시 생각해 보면 피드백의 본질적 의미를 제한적으로 실천한 모습이 아니었나 싶다. 맥락과 분리된 피드백은 효과가 적다. 피드백에는 교정할 사항뿐만 아니라 격려의 말도 포함되어야 한다. 그리고 사회적, 행동적 요소에 대한 피드백이 학업에 대한 피드백만큼 중요할 수 있다.[Frey & Fisher, 2021] 프레이Frey와 피셔Fisher는 형성평가 과정에서 일어나는 피드백의 수준을 [표 1-3]과 같이 네 가지로 구분하고 있다.

네 가지 피드백의 층위를 살펴보면 현재까지 우리의 피드백이 '과제 수준'에 많이 머물러 있음을 느낄 수 있다. 이는 평가 개념에 대한 다각적이고 올바른 이해가 올바른 실천을 이끌어 낼 수 있음을 보여 주는 지점이기도 하다. 피드백의 구체적 실천 전략은 9장에서 더 상세하게 다룬다.

[표 1-3] **피드백의 네 가지 수준**

피드백 수준	세부 내용
과제에 대한 피드백	• 정답과 오답을 확인하고, 추가 정보나 기타 정보를 요구함. • 직접 피드백, 간접 피드백, 메타언어적 피드백 등이 있음.
처리 과정에 대한 피드백	• 과제를 완수하기 위해 사용하는 처리 과정에 주목. • 과정을 활용하도록 피드백과 스캐폴딩(scaffolding)을 제공할 수 있음.
자기조절에 대한 피드백	• 자기평가 또는 자기관리와 관련. • 자신의 능력, 지식, 인지 전략, 성취도를 평가하는 법을 배워야 함.
개인적 특성에 대한 피드백	• 학생들의 노력이나 관심, 참여 또는 유능감(자신감)에 변화를 주고자 할 때 효과적임. • 과제의 완성을 위한 노력과 자기조절을 끌어내는 방향으로 활용.

인상으로 평가하지 않기

교사의 평가 전문성은 추론 능력에 달려 있다 해도 과언이 아니다. 그러므로 첫인상에 의한 평가보다는 성취기준에 따른 추론에 의한 평가 능력이 중요하다. 다음 두 모둠의 수행평가 결과물을 살펴보자. 자료는 온라인 협업 툴allo[4]을 활용한 초등 5학년 학생들의 모둠 수행평가 결과물이다.

언뜻 보면 유사해 보이고 어떤 면에서는 〈예시 자료 2〉가 내용이 더 풍부한 결과물로 보일 수도 있다. 그런데 위 평가의 성취기준을 확인해 보면 "[6국 01-04] 자료를 정리하여 말할 내용을 체계적으로

4. 협업을 위한 워크플레이스 플랫폼의 하나로 블렌디드 러닝(blended learning) 수업에도 활용할 수 있다.

구성한다"이다. 세부적인 평가 내용은 지구 온난화를 늦추기 위해 푸드 마일리지를 줄일 수 있는 방안을 제시하라는 것이다. 따라서 〈예시 자료 2〉는 주제(가운데 동그라미) 설정을 잘못했고 내용 구성의 체계성도 부족하다. 〈예시 자료 1〉은 미적 요소는 덜할 수 있지만 실제 성취기준에 좀 더 부합한다. 평가 장면과 성취기준이라는 목적을 잊는다면 학생들의 수행 결과물에 대해 잘못된 판단을 내릴 수 있는 사례이다.

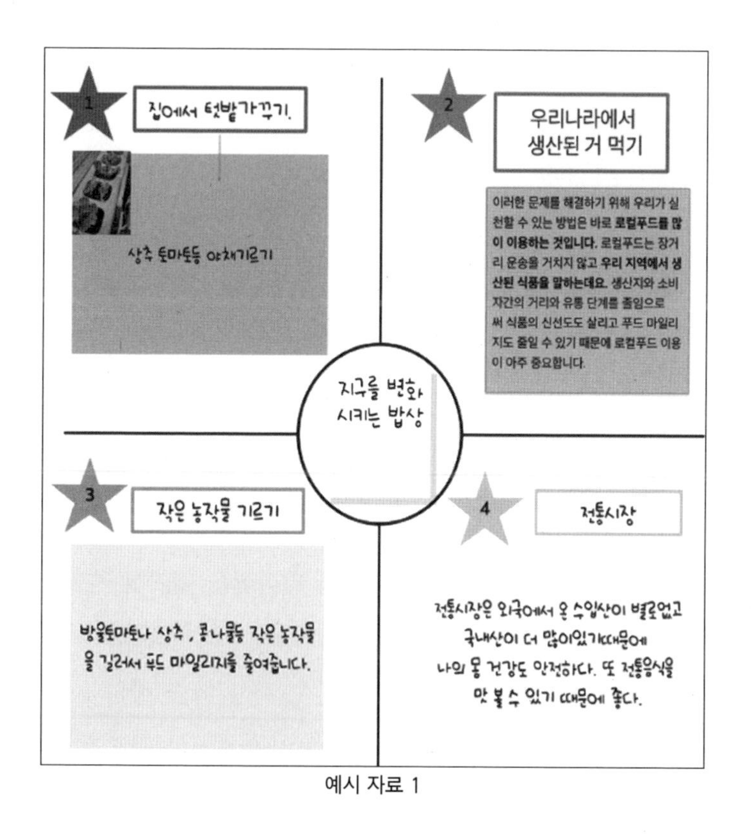

예시 자료 1

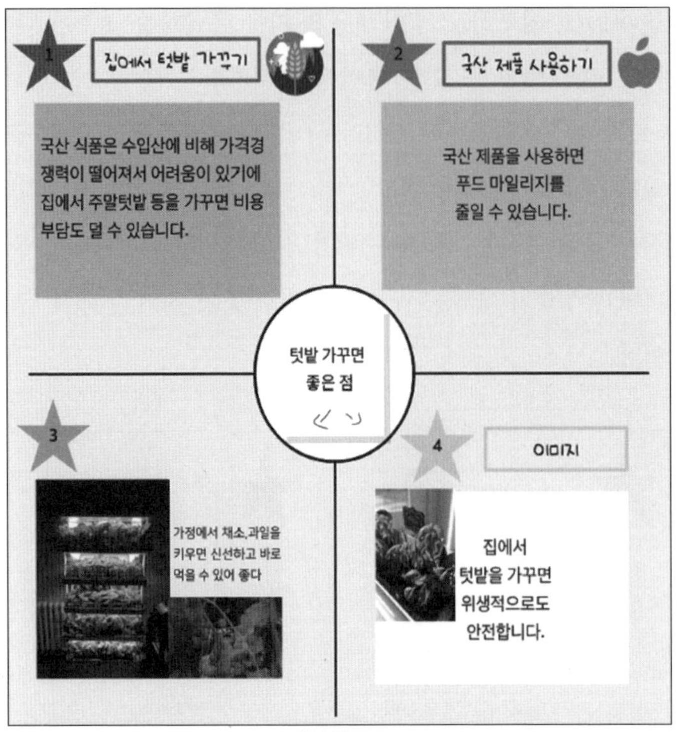

예시 자료 2

같은 주제, 같은 내용이더라도 평가 관점에 따라 기준이 다를 수 있다. 동일한 평가 장면에서 어떤 교사는 수행과정에서 학생의 의사소통을 평가하고, 다른 교사는 학생의 리더십을 평가할 수도 있다. 학생의 능력에 대해 정확하게 추론하는 것은 매우 중요하다. 학생의 지식, 기능, 태도에 대한 정확한 이해는 교사가 학습 상황에서 내리는 다양한 결정의 기초가 되기 때문이다. 교육평가는 근본적으로 추론의 과정이라고 할 수 있다.[Popham, 2016] 이러한 추론의 출발점이 성취기준임을 절대 잊어서는 안 된다.

수행평가와 포트폴리오는 결과물 평가인가?

현장에서 교사들이 수행평가와 포트폴리오 평가를 할 때 범하기 쉬운 오류가 있다. 둘 다 결과물을 평가하는 방식이라고 생각하는 경우이다. 포트폴리오portfolio[5]는 하나 혹은 그 이상의 영역에서 학생들의 노력, 발전 또는 성과를 보여 주는 특별한 목적을 위해 모아진 학생들의 모음집이다. 포트폴리오는 학생의 수행 결과를 지속적이고 종합적으로 볼 수 있는 증거물, 즉 포트폴리오 증거 자료이다. 수행평가는 수업과 동시에 평가가 이루어지는 것을 포함한다. 이는 수업과 평가 활동이 분절적으로 이루어지지 않아야 함을 함의한다. 포트폴리오 평가 역시 결과물만을 평가하는 것으로 오인하지 않도록 유의해야 한다.

5. portfolio는 이탈리아어 portafoglio가 어원으로 '나르다, 운송하다'의 의미인 'porta'와 낱장 나뭇잎 'foglio'가 결합되어 종이들을 운송하는 가방=서류 가방이라는 사전적 의미를 지니고 있다.

2장
학생평가제도, 어떻게 변화하고 있는가?

권순애

1. 평가 패러다임의 전환

교사라면 학생평가와 관련된 연수나 책을 접할 때 한 번쯤은 접해 본 말로 '깔때기 이론'이라는 것이 있다. 교사들끼리 대화하다 보면 처음에는 다양한 소재로 이야기를 끌어가다가 언제나 마지막에는 학생, 학교나 관리자 이야기로 끝을 맺는다. 마찬가지로 교사들은 평가의 패러다임이 바뀌고 확장되고 있음을 알고 있고 그 방향에 맞춰 학생평가를 다양하게 시도하고 있지만, 여전히 대학입시라는 커다란 벽 앞에 주저앉아야 할 때가 자주 있다. 결국 대학입시 때문에 어려움이 많다는 이야기로 끝을 맺곤 한다.

학생평가의 교육적 기능보다는 선발적 기능이 우선시되고 있으며, 성적이 대입의 전형 자료로 이용되고 있기에 학교급이 올라갈수록 대입에 직접적인 영향을 주지 않는 학교 교육활동은 찬밥신세를 면하기 어렵다. 그럼에도 학교현장에서는 '학생이 무엇을 어느 정도 성취하였는가'를 다양한 평가 요소를 통해 판단하는 성취평가제가 교육적으로 바람직한 평가 방식임이 분명함을 인지하고 있는 듯하다. 그러나 치열한 입시경쟁 속에서 성취평가제에 대한 여러 가지 우려를 줄이기 위해서는 우려되는 문제점과 그 해결 방안을 찾아보고 실행해야 한다. 또한 2015 개정 교육과정은 역량 함양이라는 목표를 실현하고자 '교실 수업 개선'과 '평가 방법 변화'의 두 가지 측면을 강조하고 있다.

최근 수행평가, 교사별 평가, 성장중심평가, 성장과 발달을 돕는 평가, 교육과정-수업-평가-기록의 일체화 등 평가 혁신과 관련한 담론이 쏟아져 나오고 있다. 개념이 확실하게 정의되지 못한 채 다양한

[표 2-1] 평가 패러다임의 비교

구분	과거의 평가 패러다임	미래지향적 평가 패러다임
목표	• 측정, 분리, 서열화, 선발	• 학생들의 성장과 발달
교육관	• 선발적 교육관	• 발달적 교육관
참조 준거	• 규준참조평가	• 준거참조평가 • 능력참조평가 · 성장참조평가
평가 방법	• 선다형 지필평가 • 폐쇄적 평가 • 일제식 평가	• 수행평가, 서술형·논술형 평가 • 개방적 평가·지속적 평가
평가 결과의 활용	• 학생의 학업성취도 확인	• 학생의 성장을 위한 지원 대책 마련의 자료로 활용 • 교육과정과 교수·학습의 질 개선 자료로 활용
잠재적 교육과정	• 배제의 구조 형성 • 우월감, 열등감의 반복 • 경쟁의 내면화	• 인정의 구조 형성 • 자존감 회복 • 협력의 내면화

허연구 외, 2019, pp. 26-27.

상황에 따라 혼재되어 사용되고 있으나, 전반적으로 과거의 평가 패러다임에서 미래지향적 평가 패러다임으로 전환되어 가고 있다. 과거의 평가 패러다임과 미래 지향적 평가 패러다임을 비교하면 [표 2-1]과 같다.

이제 교사들은 학생평가에서의 실행 방안들을 준비해야 한다. 이를 위해 교육제도 변화와 교육과정의 개정에 따라 변화되어 온 평가의 방향을 2007, 2009 개정 교육과정부터 2015 개정 교육과정을 중심으로 살펴볼 필요가 있다. 그다음에 최근 발표된 2022 개정 교육과정 총론 주요 사항의 평가 부분을 분석하여 학생평가가 어떻게 변화되고 있는지 그 흐름을 알아보고자 한다.

2. 사회 변화에 따른 평가의 방향

2021년 2월, 교육부는 '모든 학생의 성장을 돕는 포용적 고교교육 실현'을 비전으로 2025년 전면 시행될 고교학점제 종합 추진 계획을 발표하였다. 학생평가의 변화 방향을 가늠할 수 있는 그 추진 배경을 살펴보면 다음과 같다.

첫째, 인공지능 등 4차 산업혁명으로 인한 급격한 사회 구조 및 직업세계의 변화, 감염병 유행 등 다가올 미래를 예측하기 어려운 시대가 펼쳐지고 있으며, 인간 고유의 창의적 상상력과 공감 능력 등에 대한 재조명과 함께 에듀테크의 활용, 개별화 교육 등에 대한 미래 사회에 적합한 교육 모델이 필요하게 되었다.

둘째, 저출산에 따른 학령인구 및 생산연령인구 감소로 국가 성장 잠재력이 약화될 우려가 발생하고 있다. 모든 학생의 잠재력과 역량을 키워 주는 교육체제를 구현하여 국가경쟁력을 강화하고 지역 혁신 기반의 마련이 필요하게 되었다.

셋째, 학생들은 텍스트보다 이미지나 동영상 등 디지털 기반 콘텐츠를 통한 이해를 선호하고 있으며, 능동적으로 지식과 정보를 선택하여 학습하는 경향이 뚜렷해지고 있다. 학생이 다양한 분야에 대한 탐색을 거쳐 학생 스스로 진로를 설정하고 개척해 나갈 수 있도록 교육과정을 다양화하고 진로 및 학업 설계에 대한 안내가 필요하게 되었다.

넷째, 급격한 기술 진보와 경제 성장에도 불구하고 한편으로는 고용 불안, 소득 양극화 등 사회적 불평등이 점차 심화되고 있다. 이런 상황에서 모든 학생에 대한 최소 학업성취를 담보하는 책임 교육을 통해 평등한 출발선 보장을 위한 학교교육이 요구되고 있다.

다섯째, 비약적인 기술 진보와 예측 불가능한 위험이 공존하는 미래 사회에 대응하기 위해서는 삶에 대한 적극성과 주도성, 책임감을 지닌 인재 양성이 필요하다는 담론이 OECD 등 국제기구에서도 확산되고 있다.

이러한 추진 배경으로 인해 서열 위주의 현행 평가 체제를 개별 학생의 성장 중심으로 전환하여, 학점제형 교육과정의 취지를 구현하는 미래형 평가제도를 마련토록 하고 있다. 서열화가 아닌 학생의 성장을 중심에 둔 평가를 운영하되, 평가제도로 인한 과목 선택 왜곡 방지를 위해 학점제에서의 평가 원칙을 정립하도록 하고 있다.

2019년 진로 선택과목부터 석차등급을 산출하지 않는 성취평가제를 적용하고 있으며, 2025년 고교학점제 본격 시행과 함께 성취평가제의 적용 범위를 전체 선택과목에까지 확대한다는 것이다.

2014년부터 전면 시행되었던 '학생이 무엇을 어느 정도 성취하였는가'를 강조하는 성취평가제는 초등학교에서부터 고등학교까지의 평가 방식으로 바뀌어 가고 있다. 이는 상대평가의 문제점을 극복하고 학생들의 성취수준을 점검하여 학생들이 교과별 학업성취기준에 도달할 수 있도록 지원함으로써 학교교육의 질을 개선하고 교육의 책무성을 강조하고 있다.김신영, 2012

3. 교육과정 개정에 따른 평가의 방향

2007 개정 교육과정

최근 학생평가의 흐름을 살펴보기 위해 교육과정 총론을 먼저 살펴보고자 한다. 2007 개정교육과정의 평가 활동과 관련된 내용은 아래와 같다.

> 라. 학교에서 실시하는 평가 활동은 다음과 같은 사항을 고려해서 이루어져야 한다.
> (1) 평가는 모든 학생들이 교육 목표를 성공적으로 달성하기 위한 교육의 과정으로 실시한다.
> (2) 학교는 다양한 평가 도구와 방법으로 성취도를 평가하여 학생의 목표 도달도를 확인하고, 수업의 질

개선을 위한 자료로 활용한다.

(3) 교과의 평가는 선다형 일변도의 지필 검사를 지양하고, 서술형 주관식 평가와 표현 및 태도의 관찰 평가가 조화롭게 이루어지도록 한다.

(4) 실험·실습의 평가는 교과목의 성격을 고려하여 합리적인 세부 평가기준을 마련하여 실시한다.

(5) 정의적, 기능적, 창의적인 면이 특히 중시되는 교과의 평가는 타당한 평정 기준과 척도에 의거하여 실시한다.

(6) 학교와 교사는 학교에서 가르친 내용과 기능을 평가하도록 유의한다. 학생이 학교에서 배울 기회를 마련해 주지 않고, 학교 밖의 교육 수단을 통해서 익힐 수밖에 없는 내용과 기능은 평가하지 않도록 유의한다.

(7) 초등학교의 교과 활동 평가는 학생의 활동 상황과 특징, 진보의 정도 등을 파악하여, 그 결과를 서술적으로 기록하는 것을 원칙으로 한다.

(8) 재량 활동에 대한 평가는 교과 재량 활동과 창의적 재량 활동의 특성과 학생의 특성을 감안하여 평가의 주안점을 학교에서 작성, 활용한다. 다만, 창의적 재량 활동의 평가는 그 결과를 문장으로 기록하도록 한다.

_2007 개정 교육과정, 교육인적자원부 고시 제2007-79호

여기서는 평가를 모든 학생들이 교육 목표를 성공적으로 달성하기 위한 교육의 과정으로 보고 있으며, 수업의 질 개선을 위한 자료로 활용하고, 선다형 일변도의 지필 검사를 지양하고 있다. 서술형 주관식 평가와 표현 및 태도의 관찰평가가 이루어지며, 학교에서 가르친 내용과 기능만을 평가하도록 하고 있어 선행학습을 금지시키고 있음을 알 수 있다. 또한 초등학교의 교과 활동 평가의 결과를 서술적으로 기록하는 것을 원칙으로 한다는 것이 주요 내용이다.

2009 개정 교육과정

2009 개정 교육과정에서도 평가의 기본 방향은 거의 유지되면서 조금씩 개선되어 왔다.

(1) 학교는 학교교육과정 편성과 운영의 적합성, 타당성, 효과성을 자체 평가하여 문제점과 개선점을 추출하고, 다음 학년도의 교육과정 편성·운영에 그 결과를 반영한다.

(2) 학교에서 실시하는 평가 활동은 다음과 같은 사항을 고려해서 이루어지도록 한다.

(가) 평가는 모든 학생들이 교육 목표를 성공적으로 달성하기 위한 교육의 과정으로 실시한다.

(나) 학교는 다양한 평가 도구와 방법으로 성취도를 평가하여 학생의 목표 도달도를 확인하고, 수업의 질 개선을 위한 자료로 활용한다.

(다) 교과의 평가는 선택형 평가보다는, 서술형이나 논술형 평가 그리고 수행평가의 비중을 늘려서 교과별 특성에 적합한 평가를 실시하도록 한다.
(라) 실험·실습의 평가는 교과목의 성격을 고려하여 합리적인 세부 평가기준을 마련하여 실시한다.
(마) 정의적, 기능적, 창의적인 면이 특히 중시되는 교과의 평가는 타당한 평정 기준과 척도에 의거하여 실시한다.
(바) 학교와 교사는 학교에서 가르친 내용과 기능을 평가하도록 한다. 학생이 학교에서 배울 기회를 마련해 주지 않고, 학교 밖의 교육 수단을 통해서 익힐 수밖에 없는 내용과 기능은 평가하지 않도록 유의한다.
(사) 창의적 체험활동에 대한 평가는 창의적 체험활동의 내용과 특성을 감안하여 평가의 주안점을 학교에서 작성, 활용한다.

_2009 개정 교육과정, 교육과학기술부 고시 제2011-361호

2009 개정 교육과정에서는 선택형 평가보다는 서술형이나 논술형 평가, 수행평가의 비중을 늘려 평가를 실시하도록 하고 있다. 2007 개정 교육과정에서는 언급되지 않은 수행평가라는 개념이 여기서 등장하게 된다.

2015 개정 교육과정

2015 개정 교육과정에서는 미래 사회가 요구하는 창의융합형 인재 양성을 교육과정 개정의 비전으로 삼고 창의융합형 인재가 갖추어야 할 핵심 역량을 교육과정에 명시적으로 반영하였다. 2015 개정 교육과정에 도입된 핵심 역량은 "교과 교육을 포함한 학교교육 전 과정을 통해 중점적으로 기르고자 하는 역량"을 의미하며 자기관리 역량, 지식정보처리 역량, 창의적 사고 역량, 심미적 감성 역량, 의사소통 역량, 공동체 역량을 핵심 역량으로 제시하였다.[교육부, 2015] 핵심 역량 함양이 가능하도록 교과 교육과정을 개발하고 교수·학습 및 평가 방법의 실질적 개선이 이루어지도록 안내하고 있다.

2015 개정 교육과정은 이전 교육과정과 달리 '평가'라는 항목을 배치하여 성취기준에 근거한 평가 내용과 평가 방법에 대한 내용을 담고 있다. 이는 평가의 중요성을 보다 강조하며, 평가의 방향이 시대의 흐름과 커다란 정책의 변화 안에서 바뀌어 가고 있음을 알 수 있다.

> 가. 평가는 학생의 교육 목표 도달도를 확인하고 교수·학습의 질을 개선하는 데에 주안점을 둔다.
>
> (1) 학교는 학생에게 평가 결과에 대한 적절한 정보 제공과 추수 지도를 통해 학생이 자신의 학습을 지속적으로 성찰하고 개선할 수 있도록 지도한다.
>
> (2) 학생평가 결과를 활용하여 수업의 질을 지속적으로 개선한다.
>
> 나. 학교와 교사는 성취기준에 근거하여 학교에서 중요하게

지도한 내용과 기능을 평가하며 교수·학습과 평가 활동이 일관성 있게 이루어지도록 한다.

(1) 학생에게 배울 기회를 주지 않은 내용과 기능은 평가하지 않도록 한다.

(2) 학습의 결과뿐만 아니라 학습의 과정을 평가하여 모든 학생이 교육 목표에 성공적으로 도달할 수 있도록 한다.

(3) 학교는 학생의 인지적 능력과 정의적 능력에 대한 평가가 균형 있게 이루어질 수 있도록 한다.

다. 학교는 교과의 성격과 특성에 적합한 평가 방법을 활용한다.

(1) 서술형과 논술형 평가 및 수행평가의 비중을 확대한다.

(2) 정의적, 기능적, 창의적인 면이 특히 중시되는 교과는 타당한 평정 기준과 척도에 따라 평가를 실시한다.

(3) 실험·실습의 평가는 교과목의 성격을 고려하여 합리적인 세부 평가기준을 마련하여 실시한다.

(4) 창의적 체험활동은 내용과 특성을 고려하여 평가의 주안점을 학교에서 결정하여 평가한다.

(5) 전문교과 Ⅱ의 실무 과목은 성취평가제와 연계하여 내용 요소를 구성하는 '능력단위' 기준으로 평가할 수 있다.

_2015 개정 교육과정, 교육부 고시 제2015-74호

평가의 역할 중 하나인 교수·학습의 질을 개선하는 방법으로 '학생에게 평가 결과에 대한 정보 제공과 추수 지도 및 학생 스스로 지속적으로 성찰하고 개선할 수 있도록 지도'하도록 안내되어 있으며, '학습의 결과뿐만 아니라 학습의 과정을 평가'하도록 하고 있다. 이는 선발을 위한 결과 중심 평가관이 과정도 함께 중시하는 평가관으로 변화되고 있음을 알 수 있으며 이러한 평가의 변화를 표현한 것이 바로 '과정중심평가'라고 할 수 있겠다.

또한 2015 개정 교육과정에서는 인지적 능력과 정의적 능력에 대한 평가도 강조하고 있으며, 일부 과목에 한해서는 앞서 언급된 성취평가제와 연계하여 평가할 수 있도록 안내하고 있다.

2022 개정 교육과정

2021년 11월, 2022 개정 교육과정 총론 주요 사항을 교육부에서 발표하였다. 2022 개정 교육과정에서도 교수·학습 및 평가 개선 방향을 아래와 같이 안내하고 있다.

> 가. 평가는 학생 개개인의 교육 목표 도달 정도를 확인하고, 학습의 부족한 부분을 보충하며, 교수·학습의 질을 개선하는 데 주안점을 둔다.
>
> (1) 학교는 학생에게 평가 결과에 대한 적절한 정보를 제공하고 추수 지도를 실시하여 학생이 자신의 학습을 지속적으로 성찰하고 개선할 수 있도록 한다.
>
> (2) 학교와 교사는 학생평가 결과를 활용하여 수업의

질을 지속적으로 개선한다.

나. 학교와 교사는 성취기준에 근거하여 교수·학습과 평가 활동이 일관성 있게 이루어지도록 한다.

(1) 학습의 결과만이 아니라 결과에 이르기까지의 학습 과정을 확인하고 환류하여, 학습자의 성공적인 학습과 사고 능력 함양을 지원한다.

(2) 학교는 학생의 인지적·정의적 측면에 대한 평가가 균형 있게 이루어질 수 있도록 하며, 학생이 자신의 학습 과정과 결과를 스스로 평가할 수 있는 기회를 제공한다.

(3) 학교는 교과목별 성취기준과 평가기준에 따라 성취 수준을 설정하여 교수·학습 및 평가 계획에 반영한다.

(4) 학생에게 배울 기회를 주지 않은 내용과 기능은 평가하지 않는다.

다. 학교는 교과목의 성격과 학습자 특성을 고려하여 적합한 평가 방법을 활용한다.

(1) 수행평가를 내실화하고 서술형과 논술형 평가의 비중을 확대한다.

(2) 정의적, 기능적 측면이나 실험·실습이 중시되는 평가에서는 교과목의 성격을 고려하여 타당하고 합리적인 기준과 척도를 마련하여 평가를 실시한다.

(3) 학교의 여건과 교육활동의 특성을 고려하여 다양한

지능정보기술을 활용함으로써 학생 맞춤형 평가를 활성화한다.

(4) 개별 학생의 발달 수준 및 특성을 고려하여 평가 계획을 조정할 수 있으며, 특수학급 및 일반학급에 재학하고 있는 특수교육 대상 학생을 위해 필요한 경우 평가 방법을 조정할 수 있다.

(5) 창의적 체험활동은 내용과 특성을 고려하여 평가의 주안점을 학교에서 결정하여 평가한다.

_2022 개정 교육과정, 교육부 고시 제2022-33호

2022 개정 교육과정에서 제시한 평가의 방향은 2015 개정 교육과정의 평가 방향과 크게 달라진 것이 없어 보인다. 그러나 눈에 띄는 점은 개별 맞춤형 평가의 강화라는 평가 방법을 강조하고 있다는 점이다. 교사는 학생들의 학습의 전 과정에 걸쳐 공식적이든 비공식적이든 피드백을 제공하여 학생 스스로 자신의 학습을 성찰할 수 있도록 해야 한다.[온정덕 외, 2016]

여기서 '과정중심평가'는 2015 개정 교육과정의 실행과 더불어 정책적으로 강조된 것은 물론 학교현장에서도 공감대가 형성되어 지속적으로 확산되고 있다.[최소영, 2021] 그런데 교육부 문서나 연구물에서 과정중심평가가 사용되는 맥락을 자세히 살펴보면 그 개념이 제각각임을 알 수 있다. 통상 과정중심평가는 지필평가와 구별되는 수행평가에 적용하는 평가로서의 의미로 쓰일 때가 많다.

그러나 교수·학습 과정에서 교사의 교육과정 재구성 및 평가 계획에 따라 진단평가, 형성평가, 총괄평가를 모두 포함할 수 있으며, 현행 지침상의 지필과 수행평가 모두를 포괄하는 개념이라 명시된 예도 존재한다.최소영, 2021

과정중심평가는 특정 평가 방법이라기보다는 학생평가 패러다임을 전환하기 위해 강조되어 온 것으로, 교육과정의 성취기준을 기반으로 수업과 평가를 연계한 평가 계획에 따라 교수·학습 과정에서 보이는 학생의 특성과 변화에 대한 자료를 다각도로 수집하여, 학생의 성장과 발달을 지원하기 위한 적절한 피드백을 제공하는 평가라 할 수 있다.교육과정평가원, 2021 다시 말해, 과정중심평가는 새로운 평가 방법의 도입이 아닌, 기존에 실시되어 온 결과 중심의 학생평가 방식을 개선하기 위해 도입된 정책적 용어이다. 따라서 단위학교에서 운영하던 학생평가 방식을 완전히 새롭게 변화시키기보다는 학생평가의 패러다임임을 인식하고 기존 방식을 점검하여 보완하고 개선하는 것이 필요하다.

지금까지 2015 개정 교육과정을 중심으로 2007 개정 교육과정부터 2022 개정 교육과정 총론의 학생평가에 대한 부분을 훑어보았다. 최근 학생평가의 흐름은 크게 성취평가제와 과정중심평가로 이야기할 수 있겠다. 앞으로 우리 교사들은 2022 개정 교육과정을 준비하면서 학생들의 미래역량을 어떻게 평가해야 하는지에 대한 전문성 신장을 위해 노력해야 할 것이다.

3장
학생들이 생각하는 평가의 문제점과 개선 방향

김아라

1. 평가를 바라보는 학생들의 시선

- 평가評價: 사물의 가치나 수준 따위를 평함. 또는 그 가치나 수준.
- 교육평가教育評價: 학습자의 학습과 행동 발달 정도를 교육의 목표에 비추어 측정하고 판단하는 일.[1]

국어사전에서 평가란 사물의 가치나 수준 따위를 평하는 것, 또는 그 가치나 수준을 일컫는다. 학교에서 평가란 일정 단계의 교육활동을 매듭짓는 활동으로 여겨진다. 학교에서는 평가 결과를 토대로 학생들의 학업성취도를 판정한다. 그리고 상담, 최소 학업성취수준 보

1. 국립국어원 표준국어대사전.

장 지도 등 후속 조치를 취한다. 이렇듯 평가는 학교에서 매우 중요한 활동이다.

그럼에도 교육활동과 평가 사이의 관계가 전도되는 현상이 종종 목격된다. 학교에서 평가 관련 민원이 제기되는 일은 드문 일이 아니다. 나아가, 현행 평가가 학생들의 수준을 적확히 측정하는 데 적합한지에 대해서도 수많은 지적이 나오고는 한다. 수행평가, 서술형·논술형 평가, 정의적 능력평가, 성장(과정)중심평가 등 새롭거나 새로웠던 시도들은 이러한 맥락에서 이루어졌다. 하지만 기존의 평가 개선 담론들은 주로 교사의 입장에 치중되었다. 그러다 보니 정작 평가 당사자인 학생은 논의에서 소외되기 일쑤였다. 과연 학생들은 자신들이 '받아 보는' 교육평가를 어떻게 인식하는지 궁금해졌다. 다양한 평가에 임하는 과정에서 학생들 자신이 어떠한 측면에서 발전하거나 성장하기를 바라는지도 알고 싶어졌다. 평가의 기본은 '학생들이 평가를 통해 자신들을 발전시키고 성장시키는 것'이라고 생각하기 때문이다. 다른 한편으로는 학생들이 평가를 하는 목적과 기대효과 등을 얼마나 궁금해할지 의문이 들었다. 단지 학교에서 실시하고, 그 결과가 상위 학교 진학 등에 중요하게 작용하기 때문에 무비판적으로 참여하는 게 아닐까 하는 생각이 들기도 했다.

이러한 문제의식과 질문에 답하기 위해, 학생들의 평가관을 파악하기 위해 근무하는 학교의 학생들을 대상으로 설문조사를 설계하고 진행했다. 학생들이 평가에 대한 의견을 가감 없이 이야기해 주길 바라며 문항을 고안했다. 전반부에서는 학생들이 생각하는 평가란 무엇인지, 그리고 지금까지 받아 왔던 평가에 만족하는지 물어보

[표 3-1] 학생평가 실태 조사 문항

학생평가에 대한 의견조사: 본인이 경험한 학교에서의 평가에 대한 진솔한 이야기
[문항 1] 학생이 생각하는 평가란 무엇인가? ① 지필평가 ② 수행평가 ③ 지필+수행평가 ④ 수업 과정에서 이루어지는 모든 배움 확인 과정 ⑤ 잘 모르겠다. ⑥ 기타(본인이 생각하는 평가의 정의가 있다. ☞ 1-1번 문항으로)
[문항 1-1] (1번에서 기타에 응답한 학생만) 본인이 생각하는 평가란 무엇인가?
[문항 2] 학생이 경험한 평가는 학생의 배움과 성장을 잘 측정하고 있나? ① 매우 그렇다. ② 그렇다. ③ 보통이다. ④ 그렇지 않다. ⑤ 전혀 그렇지 않다.
[문항 3] 2번과 같이 답한 이유는 무엇인가?
[문항 4] 학생이 경험한 가장 좋은 평가는 무엇인가?(과목, 평가 방법, 그렇게 생각하는 이유 등 기술)
[문항 5] 학생이 경험한 가장 좋지 않았던 평가는 무엇인가?(과목, 평가 방법, 그렇게 생각하는 이유 등 기술)
[문항 6] 교육청 수준에서 평가의 종류 및 비율(논술형 반드시 포함, 50% 이상 등)을 결정하여 통보하는 것을 알고 있나? ① 알고 있다. ② 모르고 있다.
[문항 7] 6번 문항처럼 평가에서 교육청의 가이드라인은 반드시 따라야 하는가? 혹은 과목별, 교사별 독창적인 기준에 의해서 해도 괜찮은가? ① 교육청의 가이드라인을 준수한다. ② 우리만의 방식으로 평가해야 한다. ③ 잘 모르겠다.
[문항 8] 7번과 같이 응답한 이유는 무엇인가?
[문항 9] 학생의 배움을 제대로 확인하고 성장을 촉진하는 평가는 어떤 방식이기를 바라는지 제안해 보자.
응답해 주셔서 감사합니다.

았다. 그리고 학생들이 생각하는 기존 평가 체제의 문제점과 개선 방향에 대해서도 의견을 모았다. 본 설문조사는 구글 학교 계정을 활용해 진행했다. 설문조사 대상은 중학교 1학년~3학년 학생이었으며, 응답 학생은 128명이었다. 설문조사 실시 과정에서 본교 담임선생님들의 협조를 구했다. 학생평가 실태 조사 문항은 [표 3-1]과 같다.

2. 평가에 대한 인식과 만족도

나는 우선 학생 자신들이 경험했던 평가가 본래 목적에 부합했는지 여부, 평가 전반에 대한 만족도를 물었다. 이에 대한 학생들의 응답 분포는 다음과 같다.

[그림 3-1] 평가의 배움과 성장 측정 만족도

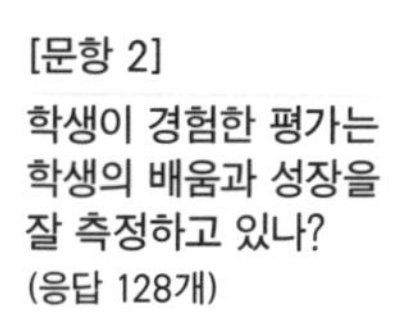

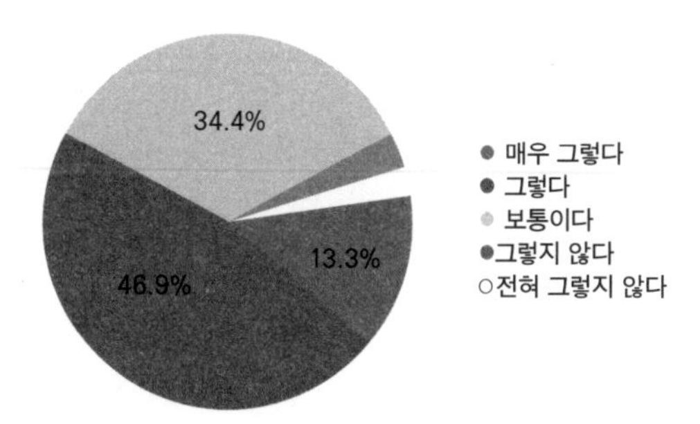

[문항 2] "학생이 경험한 평가는 학생의 배움과 성장을 잘 측정하고 있나?"라는 문항에 학생들은 '매우 그렇다' 13.3%, '그렇다' 46.9%, '보통이다' 34.4%'의 응답률을 나타냈다. 94.6%의 학생이 평

가에 대해 보통 이상의 만족도를 보였다. 만족하는 이유도 나름의 일관성을 보였다. "일단 평가를 한다고 하면 공부를 한다", "평가를 통해 내가 잘 틀리는 부분을 안다", "성적이 안 나오는 부분을 더 공부하는 게 성장이다" 등의 답변이 눈에 띄었다.

처음에는 결과에 흥미를 느꼈다. 약간 의외이기도 했다. 교사 입장에서 현행 평가 시스템으로는 학생들이 수업을 통해 발달하고 성장하는 정도를 측정하는 데 어려움이 있다고 생각해 왔다. 학생들 사이에도 그러한 문제의식이 팽배할 것이라 은연중에 생각했던 모양이다.

나중에는 당혹감마저 느꼈다. 질문이 꼬리를 물고 이어졌다. 학생들이 현행 평가 체제에 만족한다면, 교사들이 평가 개선 내지 혁신에 힘써야 하는 근원적 이유는 어디에서 찾아야 하는가? 애초에 그럴 필요가 없는가? 수많은 교사와 연구자들이 노력했던 것들은 결국 무의미한 것인가? 학생들이 만족한다고 해서 현행 체제를 고수하는 게 과연 합당한 일인가?

여러 생각이 교차하는 가운데 다음 문항 설문 결과를 살펴보았다. 현재 평가 체제에 대체로 만족하는 학생들은 교육평가가 어떠한 방향으로 개선되기를 바랄까? 나는 현행 유지를 원한다고 생각했다. 그러한 예상은 이번에도 보기 좋게 빗나갔다. "지필과 수행을 함께 보는 지금의 방식 유지" 등 현행 유지를 원하는 맥락의 답변은 단 한 건에 불과했다.

설문 학생 대부분은 "모름", "모르겠다", "잘 모르겠다", "모른다", "생각해 본 적 없음" 등 잘 모르거나 따로 고민한 적이 없다고 응답했다. 과반이 이런 답이었다. 응답 결과를 확인하면서 현재 학교에서 진행되는 평가들은 어딘가 많이 잘못되어 있는 게 아닐까 하는 의문이 들었다. 학생들은 생각 자체를 하지 않는 것 같았다. 그저 주어진 평가에 성실히 응했을 뿐이다.

나는 학교에서 평가 계획을 세우고 평가를 하고 결과를 판정하는 과정들을 돌이켜보았다. 내 평가 방식도 반성했다. 수많은 사람이 이구동성으로 창의성 신장을 강조한다. 하지만 실제에서는 창의성이 발현될 기회가 거의 없거나 허용하지 않는다. 학생평가기준은 세밀하고 엄격하다. 창의적인 답변은 대개 '알을 깨고 나오는', 즉 파격적인 경우가 많다. 이럴 때는 좋은 점수를 받기 어렵다. 교사들은 비판적 사고가 실종된 체제 순응자를 길러 내는 사람들인가? 창의성과 공동체성의 신장은 공허한 메아리일 뿐인가? 혼란스러웠다.

이제 학생들이 평가를 어떻게 개념화시키는지 들여다볼 차례였다. "학생이 생각하는 평가란 무엇인가?"라는 문항에 대한 학생들의 응답 분포는 다음과 같다.

[그림 3-2] 학생이 생각하는 평가의 개념

[문항 1]
학생이 생각하는 평가란 무엇인가?
(응답 128개)

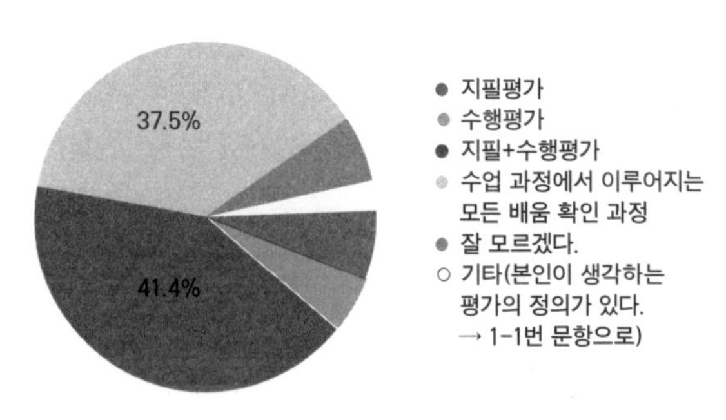

학생들의 반응은 비교적 다채로웠다. 응답 학생의 41.4%는 평가의 개념을 지필평가와 수행평가의 합으로 인식하고 있었다. 지필평가와 수행평가 중 한 가지만을 진정한 평가라고 여기는 학생도 존재했다. '수업과정에서 이루어지는 모든 배움과 성장을 확인하는 과정'이 평가라고 생각하는 학생도 37.5%에 이르렀다. 점수에 연연하면서도 실제로 37.5%나 되는 학생들은 매우 규범적인 생각을 지니고 있었다.

[문항 1]에 대한 답변 결과를 종합해 보면 다음과 같다. 학생들의 인식 속에서 평가란 대체로 지필평가와 수행평가로 한정되었다. 이는 그 외 다른 평가를 거의 접하지 못했기 때문으로 추정된다. 일부 학생은 자신이 생각하는 평가의 정의를 기술했다. 몇몇 답변이 눈에 띄었다.

"시험을 보아 점수를 나타내는 것."

"내가 배웠던 걸 잘 알고 있는지 확인하는 것."

"자신이 수업에 이 정도만큼 참여했음을 알려 주는 지표."

"위 학생이 지금 수업의 진도를 적절하게 따라가고 있는지, 따라갈 수 있는지 없는지를 확인하는 것, 이 학생의 적성, 특기 등 무엇이 뛰어나고 성실한지 알아보는 것."

개별 응답의 마지막 기술에 뿌듯함을 느꼈다. 비록 주어진 평가에 순응하고 있으나 이를 통해 본인의 적성과 특기까지 살펴보려는 학생들이 있었다. 물론 잘 모르겠다는 응답도 상당수였다.

3. 좋은 평가와 안 좋은 평가

이번 설문을 통해 학생들이 생각하는 평가가 무엇인지, 여기에 대해 얼마나 만족해 왔는지 가늠하게 되었다. 여기서 한 걸음 나아가 학생들이 평가에 대해 느낀 경험을 취합해 보고자 했다. 구체적으로는 학생들이 지금껏 수업에 참여하면서 좋았던 평가와 그 반대였던 평가의 모습을 그려 보도록 했다. [문항 4] 학생이 경험한 가장 좋은 평가는 무엇인가?(과목, 평가 방법, 그렇게 생각하는 이유 등 기술), [문항 5] 학생이 경험한 가장 좋지 않았던 평가는 무엇인가?(과목, 평가 방법, 그렇게 생각하는 이유 등 기술) 등이 이에 해당했다. 학생들의 답변 내용에 담긴 평가 경험 스펙트럼은 각양각색이었다. 설문 결과 중 일부는 유의미하다고 생각해 간추려 보았다. 그 내용은 [표 3-2]와 같다.

좋았던 평가에 대한 관련 기술은 그렇지 않았던 평가에 비해 훨씬 다양하고 세밀했다. 물론 학생 반응의 상당수는 개인적이었다. 좀 더 정확하게는 자신에게 유리해서였다. 다만 좋든, 좋지 않았든 과목 공통으로 나왔던 이야기들에는 주목해야 한다고 생각했다. 학생들이 공통으로 좋다고 밝혔던 평가는 '생각하게 하는' 평가였다. 결과 자체보다는 과정을 통해 스스로 깨우치도록 이끌어 주는 평가였다. 그에 비해 좋지 않았던 평가는 대개 암기를 종용하는 형태였다. 또한 학생들에게 사전 고지되지 않은, 즉 배우지 않은 상태에서 이루어지는 평가에 대한 불만도 심심찮게 보였다.

관련 답변을 분석하는 과정에서 필자는 가장 좋은 평가는 배움을

[표 3-2] **학생이 경험한 가장 좋았던 평가**

교과 (혹은 평가명)	그 방식이나 이유
중국어	• 책 읽고 감상문 쓰기, 자기의 생각을 잘 쓸 수 있는 논술평가여서.
수학	• 문제 풀이, 내가 잘 모르던 문제를 완벽히 이해할 수 있어서 좋음. • 이유와 풀이 등을 적어 과정을 이해했는지 확실히 알 수 있기 때문. • 주관식 서술형(풀이 과정 적어야 함), 공부한 정도에 따라 풀이의 수준이 다르기 때문에. 단순히 공식만 외워 답만 푸는 것이 아니므로. • 원래 공부를 안 하다가 시험 기간에 공부하게 되어 뒤처지지 않음. • 단원이 끝날 때마다 자주 시험을 보는 방법, 내가 어려웠던 단원을 다시 알고 이해할 수 있어서.
미술	• 창의력으로 평가, 상상이 많은 편이라서.
체육	• 바로 결과 측정, 바로 피드백을 받는 것이 좋다고 생각하기 때문. • 내가 노력해서 결과를 얻는다는 것이 잘 보이기 때문.
역사	• 빈칸 채우기, 쉽고 재미있기 때문. • 학습지에 있는 걸 똑같이 냄, 학습지랑 똑같이 내면 그냥 그 학습지에 쓰여 있는 것만 외우면 되니까. • 배움 책을 따라 쓰는 방식의 평가, 노트 검사와 수행 연습도 같이 되는 방식의 평가라고 생각함.
영어	• 말하기, 외워서 말만 하면 끝이니까. • 단어 10개, 문법 5개, 문장 10개로 되어 있어 부담감이 없음. • 지필평가, 가장 쉽고 익숙한 문제 유형.
과학	• 몰랐던 문제를 알게 해 주고 풀이 안내 지침을 통해 깨달음을 줌.
국어	• 학습지 채워서 발표하기, 여러 학생이 열심히 할 수 있고 학습지를 채웠다는 만족감이 있어서.
사회	• 백지도 완성하기, 연습할 시간을 주셔서 훨씬 더 수월했고 사회과 부도를 보며 시험을 쳐서 부담이 덜함.
음악	• 컵타의 여러 가지 방법을 배운 후 그 방법들을 이용해 노래에 맞춰 친구들과 협력해 완성하는 방법으로 평가, 이유는 친구들과 같이 활동해 재미있었고 컵타를 하면서 박자를 잘 맞추게 되었기 때문.
도덕	• 토론 과정에 대한 평가, 토론에 참여한 것을 평가함으로써 얼마나 적극적으로 참여하고 있는지도 알 수 있기 때문.
포트폴리오	• 성실하기만 하면 성적에 상관없이 잘 나오니까. • 포트폴리오는 시험의 결과가 아닌 시험의 과정을 평가하기 때문.
교과 공통	• 배운 내용을 바탕으로 이루어지는 모든 평가.

촉진하는 수업을 토대로 이루어지며, 충분한 소통을 거쳐 설정한 내용과 기준을 바탕으로, 그 과정에 집중하면서 생각하고 성장하도록 이끄는 것이라는 결론을 내렸다. 이러한 주장은 다양한 과목과 학교급에 공통적으로 적용할 수 있다고 생각한다. 경기도교육청에서 강조하는 '교육과정 재구성, 배움 중심 수업, 성장(과정)중심평가'가 어떠한 맥락에서 창안되었는지 알 수 있었다. 그리고 학교에서 그 목적을 구현하려면 무엇을 어떻게 실천해야 하는지 다시금 돌아보는 계기가 되었다.

4. 교사의 평가 자율성

이 글에서 분명히 지적하고 문제 해결 방안을 찾고 싶은 것이 있다. 교사는 평가에서 자율성을 보장받지 못한다. 교육부와 교육청 차원에서 하달되는 지침들이 평가를 지배한다. 이미 세워 놓은 평가 계획들이 교육청의 컨설팅 결과에 따라 손바닥 뒤집듯 뒤집히기 일쑤다. 올해도 어김없이 지침이 내려왔다. 코로나19 확산이 잦아드는 추세여서 그런지 코로나 이전으로 복구된 부분들이 많았다. 전 과목에서 논술형 평가 35% 이상 실시, 수행평가 40% 이상 실시 등이 대표적이다. 새롭게 추가된 부분도 있다. 평가기준에서 과정과 결과를 구분하기 등이 이에 해당한다. 이러한 지침들은 분명 새로운 연구 결과를 현장에 적용하기 위해 고안됐을 것이다. 그리고 그 목적은 교수·학습 과정에서 교사와 학생의 참된 성장 실현일 것이다.

하지만 실제에 적용되는 단계에서 본래 취지는 왜곡되기 일쑤다. 대학생 시절 교육과정이 대강화되어야 교사가 수업에서 전문성과 자율성을 발휘할 가능성이 커진다고 배웠다. 그런데 현실은 점점 그 반대로 가고 있다. 평가기준이 자꾸 세밀해지는 이유는 아마 민원에 적절히 대처하기 위함이라고 생각한다. 아무리 평소에 수업을 열심히 하더라도, 일단 민원 대상이 되면, 그 교사는 민원인에게 원망의 대상, 무능력한 대상으로 여겨진다. 심지어는 책임을 져야 할 수도 있다. 그러한 경험을 겪고 나면 평가 혁신 등의 문구가 말뿐인 구호로 보이게 된다.

교육청에서 '비민주적으로 혁신을 강요하는 것'도 문제다. 교육청은 항상 옳으며 교사들은 뒤를 따라야 한다. 논술형 평가는 모든 과목에서 실시해야 하고, 그 비율은 최소 35% 이상이어야 한다. 문제 제기는 용납되지 않는다. 지침 위반이기 때문이다. 우리 교육은 학생의 창의성 발현만 막는 게 아니다. 교사가 자율성을 발휘해야 하는 공간도 축소하고 있다. 학생과 교사가 숨 돌릴 틈이 없는데, 어떻게 교실에서 혁신을 바라겠는가? 행정 당국에서 정해 놓은 틀 안에서만 이루어지는 평가 '혁신'은 진심으로 혁신을 추구할까? 이렇듯 교사의 수업 및 평가 자율성은 교육청이 허용한 범위 안에서만 이루어진다. 진정한 혁신을 도모하려면 이 문제에 대한 구조적 분석과 성찰이 필요하다.

이렇게 생각하는 과정에서 문득 학생들은 교사가 평가 구안 과정에서 부딪치는 행정적 어려움에 대해 알고 있는지 궁금해졌다. [문항 6~8]은 이에 관한 이야기를 담고 있다.

[그림 3-3] 교육청 수준 평가 지침 하달 인지 여부

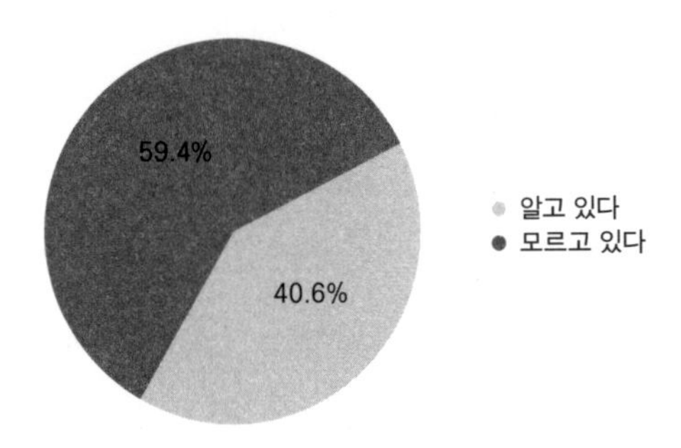

[문항 6]
교육청 수준에서 평가의 종류 및 비율 (논술형 반드시 포함, 50% 이상 등)을 결정하여 통보하는 것을 알고 있나?
(응답 128개)

[문항 6]에 대한 학생들의 반응은 예상했던 대로였다. 응답자의 절반 이상은 교육청 단위의 평가 지침이 하달된다는 사실조차 모르고 있었다. 그런데 학생들이, 교육청이 평가에 관여한다는 것을 모른다는 점은 중요하지 않을 수 있다. 정말 중요한 것은 교육청 차원의 평가 지침에 대한 학생들의 생각이었다. 학생들은 교육청의 지침과 교사의 자율권 사이에서 벌어지는 위태로운 외줄 타기를 어떻게 인식하고 있을까? 그 답을 얻고자 [문항 7]의 결과를 눈여겨보았다.

[그림 3-4] 교육청 지침 / 우리만의 방식 평가 선택

[문항 7]
6번 문항처럼 평가에서 교육청의 가이드라인은 반드시 따라야 하는가? 혹은 과목별, 교사별 독창적인 기준에 의해서 해도 괜찮은가?
(응답 128개)

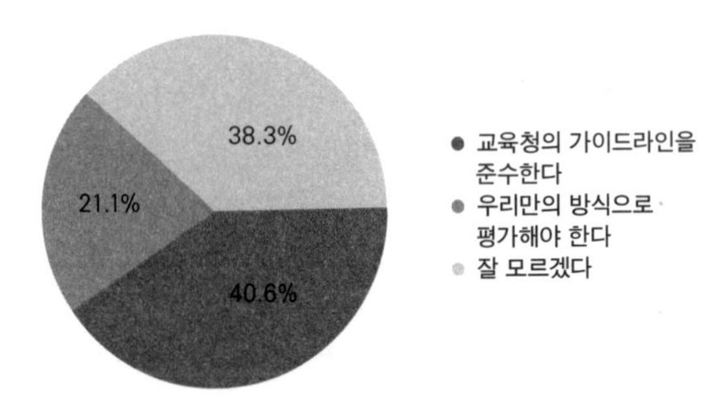

[문항 7]에 대한 학생들의 반응도 나의 예상에서 크게 어긋나지 않았다. 교육청의 가이드라인을 준수해야 한다는 의견이 40.6%로 가장 높게 나왔다. 잘 모르겠다는 의견도 38.3%에 이르렀다. 잘 모르겠다는 게 어떤 의미인지 가늠하기 어려웠다. 물론 중학생들에게 이러한 문항은 답하기 어려울 수 있다. 그럼에도 많은 학생이 문항을 잘 이해하고, 자신들의 의견을 적극적으로 개진했다.

한국 현대사에서 교육은 가장 효과적인 계층 이동 수단이었다. 오랫동안 교육의 최종 목표는 국가 수준에서 치르는 대학수학능력시험이었다. 그리고 수능은 수시가 등장하기 전까지 대입에서 가장 중요한 평가 요소였다. 따라서 학생들은 너무나 오랫동안 평가에 순응할 수밖에 없었다. 평가는 최종 목표를 위한 수단에 불과했다. 이러한 상황에서 교육평가의 근본적 목적이 등한시되는 것은 당연한 귀결이었다.

생각이 꼬리를 물면서 학생들이 [문항 7]에서 답한 이유가 궁금해졌다. 이에 대한 학생들의 반응은 크게 두 가지 방향으로 수렴되었다.

첫째, 국가 수준의 공정성을 강조하는 것이다. 대체적인 논리 전개 방식은 다음과 같다. "우리는 국가교육과정 안에 있다, 따라서 교육청에서 제시하는 것이 원칙이며 남들도 다 이렇게 하니 우리도 이를 따라야 한다, 그것이 공정하다, 독창적 기준은 형평성에 문제가 있다"는 식의 답변에는 '공정함'에 대한 언급이 상당수 포함되었다.

둘째, 교사의 평가권을 존중해야 한다는 것이었다. "우리가 배운 내용, 우리 선생님이 가르치신 대로 평가받고 싶다, 선생님의 방식이 더 현명할 수 있다, 더 많은 것을 배우고 싶다, 모든 수업 방식이 같을 수 없다, 선생님들을 믿는다." 특히 선생님들을 믿는다는 반응이 크게 와닿았다. 이렇게 교사를 믿어 주고 자신의 성장을 달리 설계해 보고자 하는 학생들이 있다. 그런가 하면, 주어진 평가에 무비판적으로 응하는 학생들이 훨씬 많았다.

이런 상황을 초래한 사람은 누구인가? 그 끝은 그저 '하던 대로' 하면 된다고 생각한 우리 모두를 향하고 있다. 조금이라도 더 나은 평가, 혹은 교육을 위해 단 하나의 계단도 밟고자 하지 않았던 관성에 젖은 '나 자신'에게 있다. 이제 우리는 흔들리고 있는 이 배의 선두를 어느 방향으로 향하게 해야 할까?

5. 어떤 평가를 원하는가?

현행 평가가 더 나은 방향으로 흘러가길 바라는 학생들의 마음은 어떤 평가를 그리고 있는지 의견을 구해 보았다. "학생의 배움을 제대로 확인하고 성장을 촉진하는 평가는 어떤 방식이기를 바라는지 제안해 보자"라는 [문항 9]에 대한 응답을 정리하면 다음과 같다.

먼저, '과정 중심' 평가를 기대하는 응답이 가장 큰 비율을 차지했다. 이는 서류상으로만 존재할지도 모르겠지만 경기도교육청의 평가 관련 기조와도 일치한다. 학생들은 아래와 같은 이야기를 들려주었다.

- "점수로 평가되는 게 아닌 과정을 보는 것."
- "결과가 아닌 과정으로 평가했으면 좋겠다."
- "결과보다 과정을 중시하는 평가(포트폴리오 등)."
- "학생들의 평소 수업 태도를 잘 평가한다."
- "수업에서 배운 개념을 잘 이해하고 있는지 확인하는 방식."
- "학생이 학교생활을 하며 얼마나 사회에 잘 적응하고 적극적으로 임하는지에 대한 평가가 이루어지면 좋겠다."

비슷한 맥락에서 단순한 암기형이 아니라 '학생들의 사고가 일어나는 과정을 평가했으면 좋겠다'는 입장도 여럿이었다. 표현한 문장은 서로 달랐지만, 바라는 방향은 아래와 같이 하나였다.

- "사고력, 창의력을 키우는 평가."
- "주체성을 가지고 연구하는 평가."
- "자기 자신의 생각을 쓸 수 있는 방식."
- "학생의 생각이나 의견을 묻는 평가."
- "다양한 방식으로 문제를 풀어 볼 수 있는 평가."
- "학생 본인의 의견을 적어 글을 쓰는 방식의 평가."
- "조사를 해서 더 넓게 알 수 있는 조사 방식의 평가."
- "계속 외우는 것이 아닌 생각을 더 표출하고 할 수 있도록 하는 수행평가."

물론, 현행대로 유지하거나 아예 암기식 지필평가만을 원한다는 의견도 눈에 들어왔다. 바라는 게 없다거나 모르겠다는 의견도 다른 문항과 마찬가지로 꽤 높은 비율이었다. 한 학생만의 의견이었지만 교사로서 참고할 만한 의견도 보였다.

- "성찰 일기를 작성하는 것."
- "가르친 선생님이 원하는 방식."
- "학생이 좋아할 재미있는 요소가 들어간 평가."
- "변별이 아닌 기본 소양을 묻는 문제가 많은 평가."
- "반 전체 앞에서 발표하는 것을 피할 수 있는 평가."
- "정말 그 수업 시간에 배운 것만으로 해결할 수 있는 평가."
- "편안하고 자유로운 마음으로 응할 수 있는, 진짜 성장할 수 있는 평가."

이 학생은 결국 목적이 이끄는 평가에 대해 이야기한 것이고, 학생의 개별성을 고려한 평가를 요구한 것이다. 양적인 평가, 계량적 평가는 충분하다. 이제 내실을 다져야 한다. 논술형 평가의 중요성을 나는 인정한다. 그러나 논술형 평가는 왜 35% 이상으로 두어야 하는가? 내가 문제를 제기하는 것은 교사의 평가권에 대한 지나친 간섭이다. 그런데 이러한 간섭이 왜 생겼을까? 교사들 스스로 평가 혁신에 미온적이기 때문이다. 이에 우리는 지나친 간섭과 미온적 태도 모두를 극복해야 한다. 어떻게? 교사들이 한데 모여 논의해야 한다. 서로를 존중하는 가운데, 브레인스토밍 방식으로, 아래에서 위로 의견들이 올라가야 한다. 교육청에서는 민주주의와 혁신을 내세운 평가를 비민주적으로 강요해서는 안 된다. 교사들은 자신들에게 편한 관행에서 과감히 벗어나야 한다. 이 두 가지 요구를 충족할 수 있는 길은 교사들 스스로 평가 혁신을 이루어 감으로써 간섭에서 벗어나는 것이다. 바람에 풀이 눕듯 자발적 평가 혁신이 이루어질 환경을 조성해야 한다. 잘하는 교사는 리더로 키우고, 부족한 점이 있는 교사는 시간을 두고 역량을 기를 수 있어야 한다. 뭐니 뭐니 해도 평가의 유의미한 변화 혹은 내실화는 학생과 교사가 있는 교육현장에서 비롯한다. 맹자가 이르길, '배움이란 잃어버린 마음을 거두어들이는 일'이라고 했다. 이제 우리의 잃어버린 마음을 거두어 교학상장教學相長하기를 꿈꾼다.

4장
교사가 갖추어야 할 평가 전문성은 무엇인가?

최금연

1. 평가 전문성에 관한 주요 개념 정의

21세기 미래 인재 양성을 위해 교사에게 요구되는 것은 무엇인가. 교사에게는 수업 설계의 일환인 학습자의 다양한 개인차를 존중하고 학습자의 배움을 돕는 학생평가로 학생들의 문제해결력과 창의력을 길러 주는 평가 전문성이 요구된다. 최근 학교 수준의 학생평가에 대한 관심이 커지면서 학생의 개인별 성취 특성을 파악하고, 학생의 성장을 도와주며, 교사의 수업 방법 개선에 포인트를 두는 학생평가 패러다임의 변화에 따라 학생평가의 질적 개선이 요구되고 있다.

학생 성장 과정의 진단과 피드백을 통한 성장중심평가를 위해 학생평가의 투명성과 공정성을 높이고, 교육과정 중심의 학교교육 역량 강화를 위한 배움 중심 수업과 성장중심평가를 위한 내실화가 필요하다. 더욱이 3년가량의 코로나19 상황으로 인한 대면 연수와 컨설팅 축소로 생긴 학교에서의 평가의 어려움과 궁금증 해소라는 학생평가에 대한 새로운 성찰이 필요하다고 본다.

평가는 학생들의 모든 배움 활동을 정확하고 객관적인 기준에 의해 평가해야 하며, 신뢰도와 타당도를 갖춘 공정한 평가라야 한다. 경쟁의 내면화를 통해 우월감과 열등감을 경험하게 하는 평가에서 인정과 협력을 통해 자존감과 자기효능감을 형성하는 평가가 되도록 학교에서는 평가 전문성 향상을 위한 공동체적 평가 문화를 조성해 가야 한다.

모든 교사의 본질적인 책무이며 수업 지도의 시작이자 끝이 될 수 있는 평가, 수업의 꽃이라 할 수 있는 평가를 위해 교사가 갖추어야 할 평가의 전문성이란 무엇인가. 그것을 살펴보기 전에 기본 개념을 정의해 보자. 2021년 경기도교육청이 발간한 『중등 학생평가 도움자료』는 다음과 같이 중요 개념을 정의했다.p. 8

- 교사의 학생평가: 학생평가는 교사가 의사결정을 하기 위해 학생의 학습에 대한 정보를 체계적으로 수집하고 판단하고 사용하는 교육적 활동. 배움 전, 배움, 배움 후 단계에서 피드백을 위해 수집한 정보를 해석하는 활동.
- 교사의 학생평가 전문성: 바람직한 학생평가를 실천하기 위해 교사가 갖추어야 할 지식, 기능, 태도가 습득된 상태.
- 교사가 지향해야 할 평가 원칙: 교사는 다음과 같은 원칙에 따라 학생들을 평가하는 것이 바람직하다.

- 성장이 있는 평가: 평가를 통해 학생들 자신의 부족한 점을 개선할 수 있는 방법을 알게 되는 기회를 제공하는 평가.
- 피드백이 있는 평가: 결과에만 치중하지 않고 피드백을 통해 부족한 부분을 올려 주고 학습에 몰두하는 경험을 줄 수 있는 평가.
- 친절한 평가: 평가의 의미, 이유, 배우는 내용과의 연관성을 충분히 설명하는 평가.
- 학생들도 행복한 평가: 누구나 잘할 수 있을 것 같은 평가.

• 교사 평가 전문성의 구성 요소: 평가 방법의 선정 능력, 평가 도구의 개발 능력, 평가의 실시, 채점, 성적 부여 능력, 평가 결과의 해석, 분석, 활용, 의사소통 능력, 평가의 윤리성 인식 능력으로 구성됨.

2. 교사의 평가 전문성이란 무엇인가?

위에서 살펴본 바와 같이 교사의 학생평가 전문성의 구성 요소는 평가 방법의 선정 능력에서 평가 윤리까지 다양하다.남명호, 2004; 이인제, 2006 그런데 이 요소 중 어느 하나 중요하지 않은 것이 없다. 그러므로 교사들은 스스로 다음 요소를 읽으면서 자신의 평가 전문성을 점검해 볼 필요가 있다.

첫째, 가장 중요한 전문성 중 하나는 평가 방법의 선정 능력이다. 이러한 능력은 매우 오래전부터 요구되었으며, 지금도 여전히 가장 중요한 원리다. 이 원리를 주창한 랄프 타일러Ralph Tyler는 교사가 적절한 평가 방법을 선정하기 위해서는 학습 목표를 이해하는 능력을 길러야 한다고 했다. 그래야만 어떤 평가 방법을 사용할 것인지 선정할 수 있다. 이를 시간적 흐름과 기준이라는 측면에서 살펴보면 다음과 같이 정리할 수 있다.

교사는 시간적 흐름(사전, 학기 중, 학기 말 등)에 따른 평가 방법에 대해 알고, 적절한 평가 방법을 선택할 수 있어야 한다. 이를 위해서는 진단평가, 형성평가, 총괄평가를 하는 목적을 알고 있어야 한다. 또한 교사는 판단 기준(절대 기준, 상대 기준)에 적합한 평가 방법을 선정할 수 있어야 하는데, 이를 위해서는 규준참조평가와 준거참조평가의 목적과 특징에 대해 알고 있어야 한다.

둘째, 교사는 평가 도구의 개발 능력을 갖추어야 한다. 교사는 평가의 목적과 내용에 부합한 적합한 평가 도구를 개발, 선택, 사용할 수 있는 능력이 필요하다. 또한 평가 도구의 질을 스스로 점검하고 개선할 수 있는 능력이 필요하다. 이를 위해 다음과 같은 능력을 제안할 수 있다.

- 선택형, 서답형, 논술형 평가의 제작 원리를 충실히 반영하여 평가 도구 개발
- 교육 목표 달성에 적합한 수행평가 과제 개발
- 높은 수준의 능력(분석, 종합, 평가, 창안, 공감, 비판적 사고력)

을 포함하는 평가 도구 개발

셋째, 교사들은 채점, 성적 부여 등 평가를 수행할 수 있는 전문성을 갖추어야 한다. 우선 교사는 평가 계획에 부합하도록 평가를 해야 한다. 이를 위해서는 평가 계획이 잘 수립되어야 한다. 평가 계획에는 평가 방법과 평가 도구에 대한 계획이 포함된다. 그러므로 교사들은 이를 정확히 숙지한 후 평가를 한다. 학생에게 평가 계획에 대해 사전에 친절하게 공지하는 것도 중요하다. 평가를 하기 전에 학생에게 채점기준을 설명하면 학생들이 교육 목표가 무엇이었는지 상기할 수 있다. 교사들의 채점과 성적 부여의 전문성을 높이기 위해 다음과 같은 사항을 제안할 수 있다.

- 평가의 목적에 부합하도록 성적을 부여
- 채점기준을 정확하게 숙지하여 채점
- 규준참조평가: 상대평가 원리에 따른 성적 부여
- 준거참조평가: 절대평가기준에 따른 성적 부여

넷째, 교사들은 평가 결과의 분석, 해석, 활용, 의사소통에서 높은 전문성을 지녀야 한다. 교사들의 평가 전문성은 평가 결과 데이터에 대한 추론으로 볼 수 있다. 이에 학생들에 대한 평가 결과를 타당하게 분석하고 해석할 수 있는 능력이 요구된다. 이 결과는 우선 교사가 자신의 수업에 문제는 없었는지, 교육 목표가 충분히 달성되었는지 판단하는 증거로 이용될 수 있다. 또 학생에 대한 교육적 의사결정에 활용될 수 있다. 이 과정에서 학생, 학부모, 다른 교사들과 학생의 성장을 위한 기초 자료로 사용할 수 있다. 그러므로 평가 결과의 분석 및 해석 능력이란 '교수, 학생에 대한 의사결정을 하기 위해 평가 결과를 설명할 수 있는 능력'이라고 정의할 수 있다. 이러한 전문성을 세부적으로 밝히면 다음과 같다.

- 교사는 평가 결과를 정확하고 타당하게 분석 및 해석할 수 있어야 한다. 이를 위해, 규준참조평가인 경우 특히, 학생들의 점수분포나 문항 특성을 요약할 수 있는 평균, 분산, 표준편차 등 기초적인 통계 지식이 필요하다.
- 교사는 평가 결과를 수업 및 학생에 대한 교육적 의사결정에 활용해야 한다. 평가 결과에 기초하여 학생의 성취수준, 강점, 약점 등을 판단하여 의사결정 자료로 활용한다. 예를 들어 교사들은 진단평가 결과에 기초하여 학생들의 수준과 요구에 적합한 수업 계획을 수립한다. 형성평가 결과에 기초하여 학생들의 학습 곤란 정도와 문제점을 진단하고 해결 방안을 제공하며, 총괄평가 결과에 기초하여 학생의 성취 정도와 변화 정도를 파악하고 차기 수업 계획을 위한 정보로 활용한다.남명호, 2004: 193
- 교사들은 평가 결과에 기초하여 학생과 학부모에게 학생의 강점과 약점에 대해 설명하고 개선 방향을 제시한다.

다섯째, 교사의 평가 전문성 구성 요소로 평가의 윤리성이 있다.

평가의 윤리성이란 교사가 학생에 대해 평가를 할 때 평가자로서 기본적으로 갖추어야 할 가치와 사고 체계를 반영하는 것이다. 예를 들어 평가 활동 전반에 내재해 있어야 할 학생에 대한 인격 존중의 윤리, 최소한으로 지켜야 할 법적 윤리, 공정성에 대한 인식, 자신의 평가 활동을 평가할 수 있는 성찰의 윤리 등이 이에 해당한다.

- 법적 윤리: 학교, 교육청, 국가 수준의 평가 관련 지침 및 규정을 준수하는 태도
- 학생의 평가 결과에 부당한 영향을 미치지 않도록 평가 도구의 보안에 주의
- 학생의 권리를 보호하기 위해 개인의 평가 결과를 엄격하게 보안 유지
- 평가 권한의 오남용이 학생의 정의적 특성에 미치는 영향 고려
- 평가 도구에 성별, 사회경제적 배경에 따라 불리하게 작용할 수 있는 내용이나 방법이 선정되지 않았는지 확인
- 평가 계획, 평가 도구의 개발, 시행, 해석, 활용, 의사소통 등 평가 활동의 전 과정에 대한 반성적 평가

3. 교사가 알아야 할 평가 개념

이상에서 알아본 평가 전문성 신장을 위해 교사들이 알아야 하는

평가 용어 및 개념을 정리해 볼 필요가 있다. 특히 어떤 용어는 혼동하기 쉽거나 오개념을 발생시키기 때문에 명료한 정의를 알고 있어야 한다. 이 절은 『학생평가 도움자료』 등 경기도교육청의 자료를 바탕으로 구성되었다. 위에서 언급했듯이 교육청 수준의 평가 지침 등에 대한 정확한 이해는 교사의 평가 전문성에도 포함된다.

성장중심평가와 과정중심평가

최근 평가와 관련해 많이 사용되고 있는 이 용어들은 크게 보아서 지향점이 같기에 세부적으로 구분하지 않아도 되지만, 그 강조점이 다르므로 정확한 의미를 익힐 필요가 있다.

(1) 성장중심평가: 학습의 과정과 결과에 대한 피드백을 통해 학생의 성장과 발달을 돕는 평가. 학생의 배움과 교사의 가르침을 지속적으로 성찰하고 개선하여 모두의 성장을 지원하는 평가.

(2) 과정중심평가: 성장중심평가의 방향성을 담고 있는 평가 방법의 하나로 교수·학습 중에 지속적으로 시행되는 평가이며 수행평가에서 학습의 결과뿐만 아니라 과정도 중시하는 평가.

성장중심평가는 상대평가보다 성장이 중요하다는 점, 그리고 성장을 위해 피드백이 중요하다는 것을 강조한다. 과정중심평가는 결과중심에 대한 성찰로서 의미가 있다.

성취평가제

성취평가제는 상대적 서열에 따라 '누가 더 잘했는지'를 평가(규준참조평가, 상대평가)하는 것이 아니라 '학생이 무엇을 어느 정도 성취하였는지'를 평가(준거참조평가, 절대평가)하는 제도이다. 성취평가제에서는 교과목별 성취기준에 도달한 정도에 따라서 학생의 성취 수준을 '5단계(A-B-C-D-E)', '3단계(A-B-C)', '이수 여부(P)'로 평가한다.

성취평가제는 상대평가와 대비되는 개념으로 다음과 같이 비교해서 이해할 수 있다.

[그림 4-1] 성취평가와 상대평가

경기도교육청, 2021, p. 22.

상대평가가 구간과 비율을 먼저 정해 놓고 학생들을 점수에 따라 배치하는 방식이라면, 성취평가제는 기준을 먼저 정해 놓고 기준에 따라 학생들을 평가하는 방식이다. 그러므로 성장중심평가, 과정중심평가 등은 성취평가제와 지향점이 유사하다.

지필평가에서 사용하는 용어

'지필평가'는 '1차 또는 2차 지필평가'와 같은 '일제식 정기고사'를 의미하며, '문항정보표'의 구성에 따라 '선택형'과 '서답형'으로 구분한다.

(1) 선택형 문항: 학생이 미리 제시된 답지 중에서 알맞은 답을 선택하는 문항으로 진위형T/F, 배합형matching type, 선다형 문항 등의 유형이 있다.

(2) 서답형 문항: 학생이 답안을 선택하는 것이 아니라 독자적으로 답안을 작성하는 문항으로 완성형, 단답형, 서술형 그리고 논술형 문항 등의 유형이 있다.

경기도교육청에서는 서답형 중에 논술형을 강조한다. 지식을 바탕으로 자기의 관점, 의견, 주장 등을 논리적으로 기술함으로써 학생의 사고력, 문제해결력, 창의력 등의 고등사고능력을 신장시킬 수 있는 논술형 평가의 확대를 권장하기 때문이다.경기도교육청, 2021

수행평가에서 사용하는 용어

'수행평가'란 교과 담당 교사가 교과 수업 시간에 학습자들의 학습 과제 수행 과정 및 결과를 직접 관찰하고, 그 관찰 결과를 전문적으로 판단하는 평가 방법이다.

(1) 논술형 평가

논술형 평가는 개인의 생각과 주장을 창의적이고 논리적으로 설득력 있게 조직해야 함을 강조하는 평가로 학생들의 심층적인 이해, 고등사고능력 함양은 물론 수동적 학습 태도를 능동적 학습 태도로 개선해 학생 성장을 도모할 수 있다.

학생이 알고 있는 지식이나 정보를 활용하여 자신이 이해한 언어로 써 보는 것으로 학생이 자기의 생각을 덧붙여 표현하는 데 도움을 주기 위해 실제 생활과 연계하는 장면을 제시하는 등 정답이 어느 정도 열려 있는 평가가 되도록 해야 한다.

(2) 구술 평가

학생이 특정 교육 내용이나 주제에 대해 자신의 의견이나 생각을 발표하도록 하여 학생의 준비도, 이해력, 표현력, 판단력, 의사소통 능력 등을 직접 평가하기 위해 활용하는 방법이다.

(3) 토의·토론

교수·학습 활동과 평가 활동을 통합적으로 수행하는 대표적인 방법으로 특정 주제에 대해 학생들이 토의하고 토론하는 것을 관찰하여 평가하는 방법이다. 교사와 학생, 학생과 학생 간의 토의·토론의 장을 마련하여 학생의 토론 준비도(관련 자료 및 증거 수집 정도, 토론 내용의 조직 등), 의사소통 능력(이해력, 표현력, 설득력), 사고력(논리적, 창의적, 비판적 사고력), 토의·토론 태도 등을 평가한다.

(4) 실험·실습

자연과학 분야에서 많이 사용하는 것으로 어떤 과제에 대하여 학생들이 직접 실험이나 실습을 하게 한 후 결과 보고서를 제출하여 실험·실습 과정과 제출된 보고서를 종합적으로 평가하는 방법이다.

(5) 프로젝트

특정한 연구 과제나 산출물 개발 과제 등을 수행하도록 한 다음, 프로젝트의 전 과정과 결과물(연구보고서나 산출물)을 종합적으로 평가하는 방법이다. 결과물과 함께 계획서 작성 단계에서부터 결과물 완성 단계에 이르는 전 과정도 중시하여 함께 평가한다.

(6) 포트폴리오

학생이 쓰거나 만든, 지속적이면서도 체계적으로 모아 둔 개인별 작품집 혹은 서류철을 이용한 평가 방법으로 학생 개개인의 변화, 발달 과정을 종합적이면서도 지속적으로 평가하는 방법이다.

(7) 자기평가·동료평가

대안적 평가 방식의 중요한 요소로서 학습자가 평가의 주체가 되므로 학습자들을 학습에 적극적으로 참여하도록 유도하고 학습에 대한 인지적 능력을 동기와 태도 등의 정의적 능력과 통합할 수 있는 평가 방법이다.

2부에서는 이상에서 살펴본 교사가 알아야 할 평가 개념에 대해 좀 더 세부적으로 알아볼 것이다.

2부

효과적인 학생평가 전략

5장 성취평가제의 취지를 어떻게 살릴 것인가?

안정현

1. 왜 성취평가제인가

평가 패러다임이 변하고 있다. 아니 학교의 교육이 달라지고 있고, 공교육의 역할과 의미에 대해 물음표를 제기하며, 공교육의 목적을 재정의하고자 하는 변화가 느껴진다. 교육과정 총론에 있는 교육의 목표와 인재상이 문서상에만 존재하는 것이 아니라 문서를 뚫고 나와 유기체처럼 꿈틀대기 시작했다. '평가를 위한 학습'이 아니라 '학습을 위한 평가'를 추구해야 한다는 목소리가 높아지고 있다. 어쩌면 이러한 당연한 흐름에 대해, 대학입시가 모든 학교교육의 최종 결과인 우리 현실에서 교육을 담당하는 이들뿐 아니라 국민 모두가 짐짓 모른 척 눈을 감고 있었음을 우리는 너무나도 잘 알고 있다.

경쟁 위주의 줄세우기식 평가의 폐단에 대해 많은 자성의 목소리가 있었음에도 대학입시라는 현실 앞에서 어쩔 수 없다는 변명은 이제 설 자리를 잃고 있다. AI로 대표되는 4차 산업혁명이 가져올 미래 사회에 필요한 역량을 중시하게 된 교육환경의 변화, 학령인구의 감소로 인한 대학의 위상 변화 등에 따른 결과이다. 짐짓 모른 체했던, 어쩌면 현실에 매몰되어 잊어버렸던 '학교에서의 평가'의 본모습을 확인해 보자.

한국 교육의 변화에 많은 영향을 준 〈2015 개정 교육과정〉교육부 고시 2015-80호에 따르면 다음과 같은 원리에 의해 평가를 수행해야 한다.

(1) 평가는 학생의 교육 목표 도달도를 확인하고 교수·학습의 질을 개선하는 데에 주안점을 둔다.
(2) 학교와 교사는 성취기준에 근거하고 학교에서 중요하게 지도한 내용과 기능을 평가하며 교수·학습과 평가 활동이 일관성 있게 이루어지도록 한다.
(3) 학교는 교과의 성격과 특성에 적합한 평가 방법을 확대한다.

여기에서 '평가'는 '교육 이념 → 교육 목표 → 교육 내용 → 교수·학습 → 평가'로 이어지는 교육과정의 일부이자, 이 과정에서 주어진 교육 목표가 얼마나 달성되어 학생들이 얼마나 성장하였는지를 확인하고, 이를 다시 교육과정 및 수업 개선의 자료로 활용하는 과정의 일환이형빈, 2015임을 명확히 하고 있다.

선발로서 기능하는 평가가 필요한 분야도 있겠으나 교육활동 안에서의 '평가' 개념은 분명 달라야 한다. 학교교육의 장에서의 평가는 학습 과정과 결과를 총체적으로 확인하고 구체적인 피드백을 제공하여 학생의 더 나은 성장을 도모하는 평가여야 하는 것이다.허연구 외, 2019

결국 교육의 본질로서의 평가는 규준참조평가(상대평가)가 아닌 준거참조평가(절대평가)여야 함이 자명하다. 이런 배경과 요구를 안고 등장한 '성취평가제'는 이미 시행되고 있음에도 크게 주목받지 못하다가 고교학점제의 도입과 함께 고등학교의 선택과목에서 9등급 석차(상대평가)의 폐지가 확정됨에 따라 큰 주목을 받고 있다.

글로벌 지식 기반 사회에서 요구되는 창의력과 인성을 겸비한 아이들을 키워 내기 위해서는 모든 학생이 똑같은 것을 배우기를 강요할 수 없다. 이 상황에서 고교학점제 도입은 필수 불가결하며, 소수 인원으로도 과목을 개설하고, 학생들이 필요로 하는 다양한 과목을 개설해야 하는 고교학점제의 평가 형태가 절대평가인 성취평가가 되어야 함은 많은 연구 결과 그 당위성이 설명되고 있다. 또한 이미 시행되고 있는 온라인과 오프라인의 지역 공동 교육과정에서 개설되는 여러 과목에는 과거의 상대평가가 적용될 수 없으며, 설령 상대평가로 성적이 산출된다고 한들 그 성적에 어떤 의미도 부여하기 어렵다.

우리나라에서 대학입시가 차지하는 위상을 생각했을 때, 입시제도와 밀접하게 관련된 대입 전형 자료로서의 성적 자료의 변화로 인해 많은 이들이 성취평가제에 관심을 기울이게 될 것이다. 하지만 성취평가제는 단순히 성적 결과의 절대평가식 산출에만 그 의미가 있는 게 아니다. 우리가 안다고 생각했던 성취평가제를 조금만 더 자세히 살펴보면 수업과 평가, 그리고 학생의 성장을 망라하는 교육활동 전체를 아우름을 확인할 수 있다. 이제 성취평가제를 자세히 들여다 보자.

2. 성취평가제란 무엇인가

2012년 12월 교육과학기술부는 학교교육의 경쟁력 강화를 목표로 학생평가 방법의 질적 개선과 성취평가제 도입을 주요 내용으로 하는 〈중등학교 학사관리 선진화 방안〉교육과학기술부, 2011. 12. 13을 발표하였다.

성취평가제는 상대적 서열에 따라 '누가 더 잘했는가'를 평가하는 것이 아니라 '학생이 무엇을 어느 정도 성취하였는가'를 평가하는 제도로, 교육과정에 근거하여 개발된 교과목별 성취기준에 도달한 정도로 학생의 학업성취수준을 평가하는 제도이다.교육부, 2015

성취수준은 학생들의 학기 말 원점수를 바탕으로 '5수준(A-B-C-D-E)', '3수준(A-B-C)', '이수 여부(P)'로 표기하며 이 표기 방법은 학교급별로 학업성취도를 연계하여 해석하는 것을 용이하게 하고, 학업성취도의 국제적 호환성을 높이기 위해 국제적으로 통용되는 성취도 표기 방식을 따른 것이다. 중학교는 일반 교과의 경우 고정분할점수(90/80/70/60)를 적용하여 5수준으로 평정하고 체육, 예술 교과의 경우 고정분할 점수(80/60)를 적용하여 3수준으로 평정한다.

고등학교는 2025학년도 고교학점제 본격 시행과 함께 9등급(상대평가)을 산출하지 않는 성취평가제 적용 범위가 확대(2019 진로 선택과목→2025 전체 선택과목)되며, 성취평가제 적용 과목에 대해 원점수, 과목평균, 성취도, 수강자 수, 성취도별 학생 비율이 제공된다. 고등학교는 교과목별로 단위학교 분할 점수를 선택하여 적용할 수 있다.

성취평가제는 앞에서 언급한 대로 준거참조평가다. 여기서 준거란 "평가 대상에게 무엇을 평가해야 할 것인가를 알려 주고, 그 대상의 성패 여부가 무엇에 근거하여 판단된 것인지를 제시하는 내용 및 기준"으로 정의한다. 즉, 성취평가제에서는 평가의 준거가 되는 성취기준과 성취수준을 마련하고, 이 준거의 달성 여부를 종합하여 성취도를 평정하는 것이다.

[표 5-1]은 고등학교 '수학' 확률과 통계 과목에 대한 '교육과정 성취기준'과 '평가준거 성취기준'의 예이다. '평가준거 성취기준'은 학생들이 학습을 통해 성취해야 할 지식, 기능, 태도의 능력과 특성을 진술한 것으로, 교육과정 성취기준을 실제 평가의 상황에서 준거로 사용하기에 적합하도록 재구성한 것인데, '교육과정 성취기준'에 따라 '평가준거 성취기준'이 국가 교육과정 문서에서 제공되기도 하고, 교사가 재진술하여 교수·학습이나 평가에 사용할 수도 있다.

[표 5-1] 고등학교 수학, 확률과 통계 성취기준의 예

<table>
<tr><th colspan="2">교육과정 성취기준</th><th colspan="2">평가기준</th></tr>
<tr><td rowspan="9">[12확통01-01]
원순열, 중복순열 같은 것이 있는 순열을 이해하고, 그 순열의 수를 구할 수 있다.</td><td rowspan="3">[평가준거 성취기준 ①]
원순열을 이해하고, 그 순열의 수를 구할 수 있다.</td><td>상</td><td>다양한 상황에서 원순열의 수를 구하고, 그 과정을 설명할 수 있다.</td></tr>
<tr><td>중</td><td>원순열의 뜻을 이해하고, 그 순열의 수를 구할 수 있다.</td></tr>
<tr><td>하</td><td>원순열의 뜻을 말할 수 있고, 간단한 상황에서 원순열의 수를 구할 수 있다.</td></tr>
<tr><td rowspan="3">[평가준거 성취기준 ②]
중복순열을 이해하고, 그 순열의 수를 구할 수 있다.</td><td>상</td><td>다양한 상황에서 중복순열의 수를 구하고, 그 과정을 설명할 수 있다.</td></tr>
<tr><td>중</td><td>중복순열의 뜻을 이해하고, 그 순열의 수를 구할 수 있다.</td></tr>
<tr><td>하</td><td>중복순열의 뜻을 말할 수 있고, 간단한 상황에서 중복순열의 수를 구할 수 있다.</td></tr>
<tr><td rowspan="3">[평가준거 성취기준 ③]
같은 것이 있는 순열을 이해하고, 그 순열의 수를 구할 수 있다.</td><td>상</td><td>다양한 상황에서 같은 것이 있는 순열의 수를 구하고, 그 과정을 설명할 수 있다.</td></tr>
<tr><td>중</td><td>같은 것이 있는 순열의 뜻을 이해하고, 그 순열의 수를 구할 수 있다.</td></tr>
<tr><td>하</td><td>같은 것이 있는 순열의 뜻을 말할 수 있고, 간단한 상황에서 같은 것이 있는 순열의 수를 구할 수 있다.</td></tr>
<tr><td colspan="2" rowspan="3">[12확통01-02]
중복조합을 이해하고, 중복조합의 수를 구할 수 있다.</td><td>상</td><td>다양한 상황에서 중복조합의 수를 구하고, 그 과정을 설명할 수 있다.</td></tr>
<tr><td>중</td><td>중복조합의 뜻을 이해하고, 그 조합의 수를 구할 수 있다.</td></tr>
<tr><td>하</td><td>중복조합의 뜻을 말할 수 있고, 간단한 상황에서 중복조합의 수를 구할 수 있다.</td></tr>
</table>

이상에서 볼 수 있는 '성취기준'과 '평가준거 성취기준'은 크게 세 가지 측면에서 활용된다. 이는 (1) 수업의 근거, (2) 평가의 근거, (3) 의사소통의 자료로서 기능하는데, 이를 세부적으로 살펴보면 다음과 같다.

첫째, 연간 수업 계획 및 매 차시 수업 계획을 수립할 때, 교과목

별 성취기준에 근거하여 학습 목표를 설정하고, 교수·학습 방법을 설계하며, 학생들이 학습 목표에 도달하도록 수업을 운영하는 '수업의 근거'로서, 둘째, 평가 계획의 수립 및 평가 도구의 제작을 위한 '평가의 근거'여야 하고, 셋째, 개별 학생의 학업성취 정도를 학생 및 학부모에게 구체적으로 설명하고자 할 때, 또는 학교생활기록부 교과학습발달상황의 세부능력 및 특기사항에 학업성취 정도에 대해 구체적으로 기록하고자 할 때, 교과목별 성취기준에 근거하여 설명하거나 기록할 수 있다.한국교육과정평가원, 2014b: 4

'평가기준'은 평가 활동에서 학생이 어느 정도의 수준에 도달했는지를 판단하기 위한 실질적인 기준 역할을 한다. 즉 각 수준의 도달 정도에 속한 학생들이 무엇을 알고 있고 할 수 있는지를 기술한 것으로 단위 성취기준에 대한 평가 문항 제작 및 채점기준 설정의 근거로 활용하며, 학생의 수준을 고려한 수업을 설계할 때도 '평가기준'을 활용한다.

즉, 성취평가제에서의 '성취기준'은 수업과 평가를 연계하고, 개별 학생에 대한 피드백까지 가능하게 하는 역할을 하는 것이다. 최근 들어 '과정중심평가'란 용어를 자주 보게 되는데, 이 '과정중심평가'란 성취평가제를 기반으로 한 교육활동에서 이루어지는 모든 수업과 평가 활동을 아우르는 것을 통칭하는 것이라 해도 '과정중심평가'를 정의하는 여러 가지 정의에서 크게 벗어나지 않을 것이다. [그림 5-1]은 성취기준과 교수·학습, 평가가 어떻게 연계되는지를 보여 준다.

성취평가제에서 최종적인 성취도를 결정하는 분할점수는 학생들의 학기 말 원점수를 바탕으로 평정한다. 이때 성취수준을 구분하는

[그림 5-1] 성취기준-교수·학습-평가의 연계

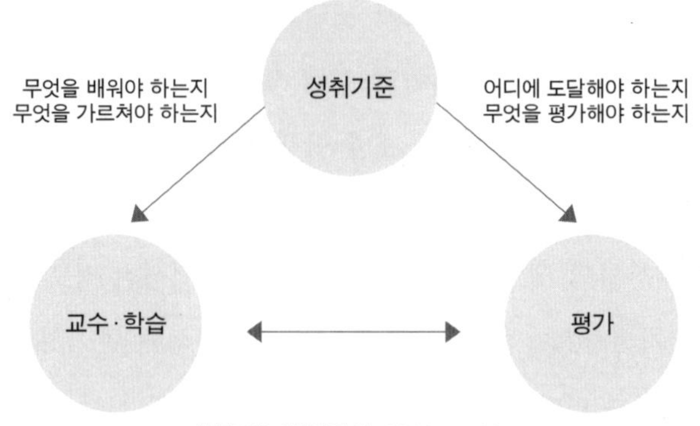

한국교육과정평가원, 2014a, p. 16.

분할점수를 설정해야 하는데 위에서 언급한 바와 같이 중학교는 고정분할점수로, 고등학교는 고정분할점수 또는 단위학교 분할점수를 선택하여 적용할 수 있다.

분할점수를 산출하는 과정에서 교과 담당 교사들이 학기 단위 성취수준 기술 및 각 성취수준에서의 최소 능력 특성을 검토하여 분할점수에 대한 합의를 도출하는 것이 중요하다.

'학기 단위 성취수준 기술'은 교과의 특성에 따라 기술 방식이 다를 수 있으나 일반적으로 영역(또는 단원)에서의 수준 특성 기술 후 포괄하는 방법을 쓰거나 성취기준을 포괄하는 내용 중심으로 진술하는 방법, 성취기준의 상대적 중요도를 고려하여 진술하는 방식을 채택할 수 있다.한국교육과정평가원, 2014: 32

[표 5-2]는 5수준으로 평정할 때의 기준 성취율과 일반적인 특성을 나타낸 것이고, [표 5-3]은 고등학교 확률과 통계 과목의 한 학기의 '학기 단위 성취수준'의 한 예이다.

[표 5-2] 기준 성취율과 성취도별 정의(5수준)

성취도	정의	기준 성취율(원점수)
A	• 내용 영역에 대한 지식 습득과 이해가 매우 우수한 수준이며, 새로운 상황에 일반화할 수 있음.	90% 이상
B	• 내용 영역에 대한 지식 습득과 이해가 우수한 수준이며, 새로운 상황에 대부분 일반화할 수 있음.	90% 미만~80% 이상
C	• 내용 영역에 대한 지식 습득과 이해가 만족할 만한 수준이며, 새로운 상황에 어느 정도 일반화할 수 있음.	80% 미만~70% 이상
D	• 내용 영역에 대한 지식 습득과 이해가 다소 미흡한 수준이며, 새로운 상황에 제한적으로 일반화할 수 있음.	70% 미만~60% 이상
E	• 내용 영역에 대한 지식 습득과 이해가 미흡한 수준이며, 새로운 상황에 거의 일반화할 수 없음.	60% 미만

[표 5-3] 고등학교 확률과 통계 학기 단위 성취수준 예시

성취율 (원점수)	성취도	성취수준
90% 이상	A	합의 법칙과 곱의 법칙, 순열과 조합을 이용하여 경우의 수 구하기, 이항정리를 사용하여 문제 해결하기, 확률과 조건부확률을 이해하고 활용하여 문제 해결하기 등의 영역에서 해결 과정에서 사용되는 정의나 원리에 대한 충분한 이해를 통해 능숙하게 문제를 해결하고 그 과정을 설명할 수 있다.
80% 이상 ~90% 미만	B	합의 법칙과 곱의 법칙, 순열과 조합을 이용하여 경우의 수 구하기, 이항정리를 사용하여 문제 해결하기, 확률과 조건부확률을 이해하고 활용하여 문제 해결하기 등의 영역에서 문제를 능숙하게 해결하지만 해결 과정에서 사용되는 정의와 원리에 대한 이해가 다소 미흡하다.
70% 이상 ~80% 미만	C	합의 법칙과 곱의 법칙, 순열과 조합을 이용하여 경우의 수 구하기, 이항정리를 사용하여 문제 해결하기, 확률과 조건부확률을 이해하고 활용하여 문제 해결하기 등의 영역에서 문제를 기능적으로 해결한다.
60% 이상 ~70% 미만	D	합의 법칙과 곱의 법칙, 순열과 조합을 이용하여 경우의 수 구하기, 이항정리를 사용하여 문제 해결하기, 확률과 조건부확률을 이해하고 활용하여 문제 해결하기 등의 영역에서 해결 과정에서 사용되는 정의와 원리에 대한 이해가 다소 미흡하지만 간단한 계산문제를 기능적으로 해결한다.
60% 미만	E	합의 법칙과 곱의 법칙, 순열과 조합을 이용하여 경우의 수 구하기, 이항정리를 사용하여 문제 해결하기, 확률과 조건부확률을 이해하고 활용하여 문제 해결하기 등의 영역에서 해결 과정에서 사용되는 정의와 원리에 대한 이해가 미흡한 상태로 해결을 시도한다.

3. 성취평가제는 어떻게 운영되는가

[그림 5-2]는 성취평가제가 어떤 절차와 활동으로 구성되는지를 학사 운영 단계별로 보여 준다.

[그림 5-2] 성취평가제 운영 단계별 흐름도

단계	시기	주요 활동	
1 성취기준 및 성취수준 마련	2월 말 ~ 3월 초	1.1 학교별 성취기준 마련 1.2 학기 단위 성취기준 마련	
2 교수·학습 및 평가 계획 수립	3월 중순	2.1 교수·학습 계획 수립	2.2 평가 계획 수립
3 교수·학습 실시	학기 중	3.1 교수·학습 설계 3.2 교수·학습 실행	
4 평가 도구 개발	평가 기간		4.1 출제 계획 수립 4.2 평가 문항 개발 및 검토
5 평가 결과 분석 및 활용	평가 후		5.1 학업성취도 분석 5.2 평가 결과 해석 및 활용

교수·학습 설계

성취평가제가 추구하는 교수·학습은 성취기준을 중심으로 하여 수업 목표와 모든 교수 활동이 이루어질 수 있도록 하며, 개별 학생들의 성취기준 도달 정도를 수시 확인하고 그에 맞춰 교수 활동 조정이 이루어지는 특징을 갖는다. 박은아 외2013: 35에서는 성취평가제에 적합한 교수·학습 설계를 위해 백워드 설계Backward design 방법의 활용을 제안하고 있다. 위긴스Wiggins와 맥타이McTighe가 개발한 백워드 교수·학습 설계 절차와 성취평가제에서 적용한 교수·학습 설계 원리는 다음과 같다.

[그림 5-3] 백워드 설계 절차에 따른 성취평가제 교수·학습 설계 절차

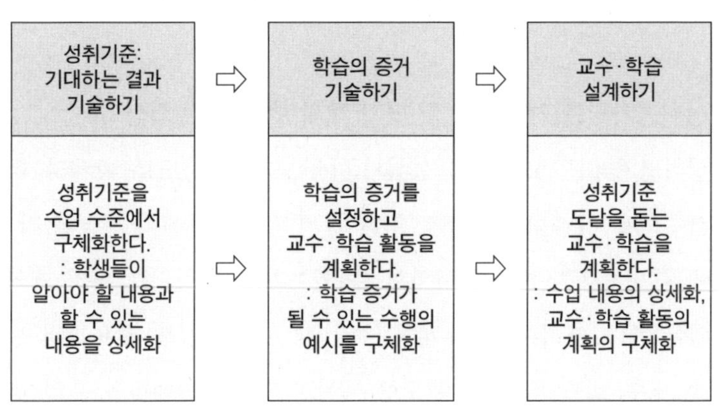

이러한 백워드 설계는 교사에게 교수·학습 설계 능력을 요구한다. [표 5-4]는 교수·학습 설계 절차를 적용한 국어과 교수·학습 설계 사례이다.

[표 5-4] 교수·학습 설계 사례 - 국어과

1단계		2단계		3단계	
성취 기준	학습 목표	학습의 증거가 될 수 있는 수행들	수행들을 끌어낼 수 있는 과제	과제에 대한 흥미를 유발할 수 있는 요소	최종 교수·학습 계획안
31015-1. 여러 가지 독서 방법에 대해 설명할 수 있다.	상황에 따른 여러 가지 독서 방법의 특징에 대해 설명할 수 있고, 독서 방법을 분류하는 기준에 대해 말할 수 있다.	여러 가지 독서 방법이 섞인 가운데 일정한 기준으로 독서 방법 분류하기 각각의 독서 방법의 개념에 대해 설명하기	독서 방법에 대한 교사의 설명 음독/묵독, 발췌독/전체 읽기, 속독/지독, 통독/정독/미독 등의 개념과 명칭, 구분 기준을 서로 연결하는 활동	『책만 읽는 바보』에 나타난 독서 방법(음독, 전체 읽기, 지독, 반복독, 정독)을 분석하고, 선인들의 독서법과 자신의 독서법을 비교하기	① 선인들의 독서 방법과 자신의 독서 방법 비교 ② '알아두기'에 제시된 여러 가지 독서 방법에 대한 설명 ③ 활동지를 통해 각각의 독서 방법의 특성 및 구분 기준 파악

성취평가제를 기반으로 한 평가 계획 수립 시 유의점

성취평가제는 교과목별 성취기준에 도달한 정도로 학생의 학업 성취수준을 평가해야 하므로 학기 단위 성취수준에서 진술한 각 수준에 학생이 도달했는지 파악할 수 있는가를 중점으로 평가 계획을 세워야 한다. 따라서 평가 계획 수립 시 교육과정 및 교육과정 성취기준, 교수·학습 내용, 평가 문항 사이의 유기적 연계성을 분석·검토해야 하며, 적절한 평가 도구를 개발해야 한다. 지필평가에서의 선다형 문제와 논술형 문제, 수행평가에서의 여러 평가 도구 등을 통해 '단위 성취기준'의 평가기준 도달 여부를 파악할 수 있도록 하며, 궁극적으로 학기 말 점수의 각 성취율이 '학기 단위 성취수준'을 만족시킬 수 있도록 계획해야 한다.

단위학교 분할점수 산출[1]

분할점수와 관련하여 고정분할점수와 단위학교 산출 분할점수의 기준 성취율이 다르다고 잘못 이해하는 경우가 많으나 기준 성취율은 공통으로 90%/80%/70%/60%이다. 이 기준 성취율은 중학교에서도 동일하게 적용된다. 고정분할점수와 단위학교 산출 분할점수의 근본적인 차이는 기준 성취율을 원점수와 동일한 것으로 볼 것인가의 여부이다.

단위학교 산출 분할점수는 평가 문항의 내용과 특성에 따라 달라지므로 지필평가를 시행할 때마다 분할점수를 산출해야 한다. 즉, 지필평가를 2회 시행할 경우 분할점수를 2회 산출해야 한다.

분할점수를 산출할 때 최소능력자와 예상정답률의 개념화가 필요하다. 최소능력학생이란 각 성취수준에 해당하는 학생들 가운데에서도 가장 힘들게, 가까스로 그 성취수준에 도달할 수 있는 학생을 의미한다. 즉 성취수준 A에 해당하는 학생들이라도 가장 어렵게 도달하는 학생들의 예를 들어 이에 대해 논의해 가며 최소능력학생을 개념화할 수 있다. 예상정답률이란 앞서 합의한 최소능력학생이 해당 문항의 정답에 답할 비율, 즉 최소능력학생이 100명 있다면 몇 명 정도가 정답에 답할 수 있을지에 대해 추정하는 것이다.

예를 들어 배점이 6점인 문항에 대한 A 수준의 최소능력학생의 정답률이 95%라고 모든 교사가 동의한다면 기대점수는 '문항 배점(6점)×예상정답률(95%)=5.7'점이 되고, 모든 문항을 난이도별로 모아 같

1. 이 부분은 고등학교에만 해당하는 내용이다.

은 작업을 실시하여 기대점수의 합으로 A/B를 가르는 분할점수를 산출해 낼 수 있다. 물론 이 작업을 모두 수작업으로 하는 것이 아니라 교육과정평가원에서 제공하는 '단위학교 분할점수' 프로그램을 사용하여 계산한다. 하지만 예상정답률은 동교과 교사의 예상정답률을 비교하여 20% 이상 차이가 나는 경우 재검토의 과정을 거쳐야 한다.

수행평가의 경우 수행평가 개별 영역별 채점기준을 활용하여 분할점수를 설정하는 것을 권장하고 있으나 교과별 특성이나 성취수준에 따른 채점기준 구성의 어려움 등이 있다. 물론 지필평가에서도 단위학교 분할점수 산출 과정이 쉬운 것만은 아니지만, 과학고 등 학교의 상황에 따라 또는 교과목별로 특성에 따라 단위학교 분할점수를 채택하는 경우 차이가 나기도 한다.

성취평가에 따른 평가 결과의 해석 및 활용

성취평가에서 평가의 목적은 일정한 준거에 비추어 목표에 도달한 정도를 파악하여 학생의 성취수준을 진단하고 이에 기초한 피드백을 제공함으로써 학생의 지속적인 학습 발전을 돕는 데 있다.

평가 실시 후에 모든 학교에서 교과목별 학년 전체 평균이나 반별 평균 및 표준편차, 정답률을 자료로 하여 해당 평가에 대한 분석을 통해 미비점과 향후 지도 방안 등에 대한 계획을 세운다. 성취평가제에서는 여기서 한발 더 나아가 성취수준에 따른 분석으로 피드백이 필요한 내용을 추출하거나 평균과 표준편차가 비슷한 학급의 성취수준별 학생 비율의 분포를 통해 각 학급의 수준별 지도 방향 등을 분석해 낼 수 있다. 또한 학생의 성취수준별 정답률과 개별 문항 점수를 통해 각 문항의 변별의 적정 여부와 각 문항이 어떤 성취도를 변별하는지의 여부도 알 수 있다. 이러한 일련의 평가 분석 과정들을 통해 교사들의 평가 전문성 또한 신장할 수 있을 것이다.

예를 들어 성취수준이 높은 학생 대부분이 정답을 선택하고, 성취수준이 낮은 학생 대부분이 정답을 선택하지 못했다면, 이 문항은 성취도에 대한 변별이 있는 문항이라 할 수 있고, 성취수준이 높은 학생들이 낮은 학생들보다 해당 문항을 더 많이 틀렸다면 바람직하지 못한 문항, 즉 부적 변별 문항이라고 분석해 낼 수 있다. 성취수준별 평가 결과 분석자료는 '학생평가지원포털'에서 제공하는 '성취평가 결과 산출 프로그램'을 이용하여 구할 수 있다.

4. 학교급별 성취평가(제)의 모습은 어떠한가

초등학교에서의 성취평가

초등학교에서는 일제고사가 사라지고(시도별 차이는 존재), 생활기록부에서 점수로서의 성적이 사라졌다. 이후 초등학교의 수업에는 성취기준을 분석하여 학생들의 성장을 어떻게 확인할 수 있을지를 고민하여 수업을 디자인하는 교육과정 재구성이 자연스럽게 자리 잡았다. 수업과 평가가 분리되지 않는 과정으로서의 평가 안에서, 성취평가는 성취기준에 근거한 학생의 성취 정도와 성장의 모습을 기술하는 형태로 구현되고 있다. 다음은 6학년 수학의 성취기준 분석 및 평가 계획의 예시이다.

[표 5-5] 6학년 수학과 성취기준 분석 및 평가 계획 예시

과목	영역	단원	성취 기준	평가 요소	평가기준			평가 방법	평가 시기
					상	중	하		
수학	규칙성	4. 비례식과 비례배분	[6수04-05] 비례 배분을 알고, 주어진 양을 비례 배분할 수 있다.	비례 배분을 알고, 실생활 문제에서 주어진 양 비례배분 하기	비례 배분의 의미를 알고, 주어진 양을 비례 배분할 수 있으며, 그 방법들을 설명할 수 있다.	비례 배분의 의미를 알고, 주어진 양을 비례 배분할 수 있다	안내된 절차에 따라 간단한 비례 배분을 할 수 있다.	구술 발표	11월

위와 같이 성취기준 분석 및 평가기준, 평가 계획을 수립하고, 적당한 평가 도구를 사용하여 평가를 실시하며, 평가의 결과로서 다음과 같이 교과 세부능력 및 특기사항을 기재함으로써 평가의 결과를 처리한다.

과목	교과 세부능력 및 특기사항 기재 예시
수학	• 수준별 학습 과제 콘텐츠를 자기주도적으로 학습하며, 비례식과 비례배분의 의미를 알고 활용하여 문제를 만들고 이를 해결할 수 있음. • 주변의 상황에서 비를 찾아 간단한 자연수의 비로 나타낼 수 있고, 비례식의 성질을 이용하여 비례식을 만들 수 있음. • 이를 활용하여 주변에서 일어날 수 있는 상황으로 문제를 직접 만들고 해결할 수 있으며, 비례배분의 의미를 알고 다른 사람에게 풀이 방법을 정확하게 설명할 수 있음. • 이를 통해 실생활 속에서 비례식과 비례배분을 활용한 문제를 다양하게 응용하여 스스로 만들 수 있게 되었으며 식, 그림 등을 이용해 어려워하는 친구에게 방법을 설명할 수 있음. 조별 주어진 과제를 주도적으로 해결하려는 모습을 보이고, 창의·융합하여 새로운 상황을 만들어 내는 능력이나 문제를 해결하는 능력도 향상됨.

평가 결과의 기록은 학습과 성장을 돕는 방향으로 제공해야 하며, 학생의 학습 동기를 긍정적으로 신장시킬 수 있어야 하므로 피드백의 과정이 꼭 선행되어야 한다. 다음은 학생 성취수준에 따른 피드백의 예시이다.

	학생 성취수준에 따른 피드백 제공
상	• 친구가 만든 비례배분 문제를 잘 이해한 만큼 다양한 방법으로 풀 수 있구나! • 조금 더 어려워하는 친구들을 위해서 그림으로 풀이 과정을 설명하는 것에 도전해 보는 것은 어떨까?
중	• 비례배분이 뭔지 잘 알고 있구나. • 풀이 과정을 친구에게 설명하는 것을 어려워하니, 우선 말로 가능한 부분을 여기에다 써 볼까? • 그런 다음 풀이 과정을 식으로 나타내는 연습을 해 보고, 그걸 보고 친구에게 설명한다면 좀 더 쉬울 것 같구나.
하	• 친구 설명을 집중해서 열심히 잘 듣는 걸 보니 곧 비례배분에 대해 확실히 이해하고 설명할 수 있을 것 같구나. • 저번 시간보다 태도가 훨씬 좋아졌는걸? 친구들이 풀이 방법을 설명하는 것을 반복적으로 듣고 적어 본다면 이해하는 데 도움이 될 것 같구나.

중학교에서의 성취평가제

자유학기제의 도입이 중학교 평가 혁신에서 중대한 계기가 되었다. 자유학년제가 안착되면서, 연계 자유학년에서도 선다형 평가를 지양하고 수행평가 100%로 평가되는 과목이 많아지고 있으며, 수행평가의 내용 또한 다양성이 넓어지고 질적인 측면에서도 수준이 높아지고 있다. 시도별 차이는 있으나 자유학년제의 평가를 경험한 교사들의 경험치가 쌓이며 학생들의 성장을 돕는 평가관이 자리 잡아 가는 모습이다. 예체능을 제외한 모든 교과에 고정분할점수인 90점/80점/70점/60점을 일괄 적용한다. 2021년까지 고입 내신 자료로서 표준편차까지 제공되어 성취평가제가 제대로 자리 잡기 어려웠으나 2022년 고입 내신부터 표준편차가 미제공되어 성취평가제가 제대로 운영되기 위한 발판이 마련되었다.

고등학교에서의 성취평가제

초등학교와 중학교에 비해 고등학교의 평가 변화는 대입과 직결되어 많은 논란이 있었다. 2014년 고등학교 1학년부터 성취평가제가 도입되었지만, 대학 입시제도의 특성 및 요구에 맞추어 내신 9등급제와 병행하게 되면서 성취평가제의 본래 취지에 맞게 운영되기 어려웠다. 2015 개정 교육과정이 적용되면서 성취평가제는 고교학점제 도입과 더불어 고교교육 혁신 방향의 일환으로 다시 조명을 받게 되었고, 2025년 고교학점제 전면 시행과 함께 고등학교 1학년부터의 모든 과목의 성취도가 대입 전형 자료로 제공될 예정이다. 고등학교 1학년이 이수하는 과목 중 일부는 내신 9등급 자료도 동시에 제공되지만, 2학년부터의 모든 선택과목은 성취도와 비율만 제공된다. [표 5-6]은 2020학년도 입학생을 기준으로 한 고등학교의 과목별 성취도 기재 방식이다.

고등학교의 성취평가제는 고교학점제와 밀접하게 관련되어 있으며, 두 가지 쟁점이 있다. 첫째, 학점 이수와 관련한 최소 학업성취수준의 설정 및 미이수 기준과 재이수 방법, 졸업 기준에 대한 논의가 여전히 진행되고 있다. 형성평가와 피드백을 통해 모든 학생이 최소 학업성취를 이루도록 하는 데 주안점을 두어야 한다.

둘째, 9등급의 상대평가가 아닌 성취도(절대평가)와 각 성취도별

[표 5-6] 고등학교 교과목별 성취도 기재 방식

구분			원점수/과목평균(표준편차)			성취도(수강자 수)		석차등급	비고
			원점수	과목평균	표준편차	성취도	수강자 수		
보통교과	공통 과목		○	○	○	5단계	○	○	•(성취도 3단계) 과학탐구 실험 * 과학탐구 실험은 석차등급 미산출
보통교과	일반 선택 과목	기초/탐구/생활·교양	○	○	○	5단계	○	○	•교양 교과(군) 제외
보통교과	일반 선택 과목	체육 예술	-	-	-	3단계	-	-	•수강자 수 입력하지 않음
보통교과	진로 선택과목 *기초/탐구/생활·교양/체육·예술		○	○	- *성취도별 분포비율 입력	3단계	○	-	•진로 선택으로 편성된 '전문교과 Ⅰ·Ⅱ' 포함 •교양 교과(군) 제외 •석차등급 및 표준편차 삭제, 성취도별 분포비율 입력
보통교과	교양 교과(군)		-	-	-	P	-	P	
전문교과 Ⅰ			○	○	○	5단계	○	○	•(성취도 3단계) 융합과학 탐구, 과학과제 연구, 물리학 실험, 화학 실험, 생명과학 실험, 지구과학 실험, 사회 탐구 방법, 사회과제 연구
전문교과 Ⅱ			○	○	○	5단계	○	-	•석차등급은 산출하지 않음
전문교과 Ⅲ			○	○	○	5단계	○	-	•석차등급은 산출하지 않음 •특수교육 교육과정을 운영하는 학교에 한함
보통교과 및 전문교과 Ⅰ 중 수강자 수 13명 이하인 과목			○	○	○	교과(군)별 3단계 또는 5단계	○	'·' 또는 '○등급'	•보통교과 공통과목 과학탐구실험, 진로 선택과목(진로 선택으로 편성된 전문교과 포함), 체육·예술 교과(군)의 일반 선택과목, 교양 교과(군)의 과목 제외
학교 간 통합 선택교과 (공동 교육과정) 과목			○	○	○	교과(군)별 3단계 또는 5단계	○	-	•보통교과 진로 선택과목(진로 선택으로 편성된 전문교과 포함), 체육·예술 교과(군)의 일반 선택과목, 교양 교과(군)의 과목 제외

비율만 제공되는 교과 성적이 대입의 자료로 쓰일 수 있는가에 대한 것이다. 과거 성취평가제가 시행되었을 때의 성적 부풀리기 등을 우려하는 목소리도 있으나, 대입 전형의 방법이 많이 변화되고 각 대학별로 진로 선택과목의 반영 방안을 구체적으로 마련하는 등 우려했던 것보다 순조롭게 진행되고 있는 모습이다.

5. 성취평가제에 대한 이해와 오해

성취평가제는 평가의 공정성을 약화시킨다?

선진국인 미국, 영국, 캐나다, 호주 등 여러 나라에서 성취평가제를 시행하고 있는데, 캐나다는 주州 수준에서 교육과정을 운영하고 있다. 그중 교육의 공공성이 강한 온타리오주는 교육과정뿐만 아니라 학생평가에 대한 상세한 지침과 안내 사항을 제시하면서 일관성 있는 교육의 질 관리를 위한 교육과정과 평가 정책을 실시하고 있다.

온타리오주에서는 지식과 기능의 네 영역, 즉 지식 및 이해, 사고, 소통, 적용의 각 측면에서 학생이 이해한 내용이나 수행 수준을 아래 표와 같이 네 수준(Level 1~Level 4)으로 평가하고 기술한다.

과거 상대평가를 운영했을 때 교사와 학교에 따라 평가 결과가 달라 학생들에게 공정성을 담보할 수 없음에 따라 준거참조평가를 주 수준의 지침에 명시하고, 이에 대한 판단을 위해 성취수준 표를 만들어 제시한다고 한다.노은희 외, 2019 지역 수준에서 정한 성취기준을

[표 5-7] **캐나다 온타리오주 성취수준 표**

<table>
<tr><th>수준</th><th colspan="4">지식과 기능</th><th>설명</th></tr>
<tr><td>4수준
(80-100%)</td><td rowspan="5">지식
및
이해</td><td rowspan="5">사고</td><td rowspan="5">소통</td><td rowspan="5">적용</td><td>• 지역 기준을 상위하는 성취도
• 높은 수준의 지식과 기능 표현(단, 교과에 명시된 기준을 넘어섰다는 의미는 아님)</td></tr>
<tr><td>3수준
(70-79%)</td><td>• 지역 기준에 도달한 성취도
• 상당한 정도의 지식과 기능 표현</td></tr>
<tr><td>2수준
(60-69%)</td><td>• 지역 기준에 근접한 성취도
• 일정 정도의 지식과 기능 표현</td></tr>
<tr><td>1수준
(50-59%)</td><td>• 지역 기준 아래의 성취도
• 제한된 수준의 지식과 기능 표현</td></tr>
<tr><td>50% 미만</td><td>• 이수 실패
• 학점 미취득</td></tr>
</table>

평가의 준거로 삼았음을 알 수 있다.

온타리오 교육부의 평가 및 성적관리 지침2010에 근거한 위의 글에 상대평가가 공정성을 담보할 수 없다는 대목이 나온다. 명확한 성취수준이 있고 그에 따라 학생들의 배움의 정도를 평가함으로써 공정성을 높일 수 있음이 당연한데도 우리는 왜 상대평가가 공정하다는 착각에 빠져 있을까. 아마도 줄 세우기에 급급한 현실에서 학생들의 잠재적인 성취는 무시한 채 점수를 학력으로 여긴 까닭이 아닐까 한다. 수행평가보다 공정하다고 여기는 지필고사의 공정성의 신화가 깨지지 않는 이유도 객관식 문항이 가진 우연성 등 지필평가가 지닌 측정의 오류에 대한 담론이 사회적 공감대를 형성하지 못했기 때문일 것이다.

성취평가제는 대입에 학생을 파악할 충분한 자료를 제공하지 못한다?

성취평가제가 도입되면서 많은 이들이 우려하는 점이 대학입시에서의 변별력 저하 문제이다. 9개 등급으로 구분하던 것을 5개 성취수준으로 구분하게 되면 대학의 학생 선발 과정에서 동점자가 많이 발생할 수 있기 때문에 합격/ 불합격을 판정하는 자료로서의 기능은 약해진다는 것이다.[교육과정평가원, 2019] 그러나 2022학년도 대학입시에서부터 성취수준만이 제공된 진로 선택과목에 대한 평가 방법을 대학마다 나름의 방법을 찾아내고 있고, 각 대학의 입학 관련 평가 담당자들에 따르면 진로 관련 과목의 이수 여부나 과목별 세부능력 특기사항 등의 서류평가를 통해 충분히 학생의 잠재력을 찾아내고 있다고 한다.

이러한 대학들의 자신감은 학생부종합전형을 실시하며 그간에 쌓아 온 대학들의 평가 역량이 그만큼 높아졌으며, 학생부종합전형을 통해 입학한 학생들의 대학에서의 학업성취도가 높음에 기인한다. 모 대학의 입학사정관은 9개 등급으로 산출된 과목들의 등급 평균이 2점대인 학생과 3점대인 학생에 대해 대학에서의 학업능력 차이는 거의 없는 것으로 보기도 한다. 입시가 변하지 않아서 평가를 변화시킬 수 없다고 많은 이들이 얘기해 왔지만, 고교교육의 변화와 평가의 변화는 입시의 형태를 바꾸고 있다. 역방향의 변화가 가능한 것이다.

다음은 2023학년도 서울 소재 대학교의 입시 요강 중 학생부종합전형의 서류평가에 대한 설명이다.

평가 자료	평가 내용	평가 방법
학생부, 자기소개서 등 제출된 서류	• 학업능력, 자기주도적 학업 태도, 전공 분야에 대한 관심, 지적 호기심 등 창의적 인재로 발전할 가능성을 종합적으로 평가함. • 주어진 여건에서 보인 교과 학습 활동의 성취수준과 학업 역량을 평가함. • 교과 학습 내용은 지원자가 이수한 교과목 특성, 수업 내용, 학업 수행 내용, 이수자 수 등을 고려하여 정성적으로 평가함. • 자기주도적 학습 경험에서 나타나는 지적 호기심, 학업에 대한 열정, 적극성 및 진취성, 학업 수행 과정에서의 주도성, 논리적 사고력, 과제 수행 능력 등의 학업 소양을 평가함.	다수의 평가자에 의한 다단계 종합평가

이상의 표에서 상대평가의 등급이 말해 주지 않는 학생의 잠재적 가능성을 이수한 교과목, 성취도, 학업 수행 내용(과목별 세부능력 특기사항) 등을 세밀히 관찰하려 함을 알 수 있다.

다음은 2023학년도 수도권 소재 대학교의 학교장 추천 전형(학생부 교과전형)의 학생부 평가 방법이다. 정량과 정성평가의 두 가지 결과를 활용한다.

■ 학생부(정량평가) 평가 방법

① 석차등급별 반영점수표

석차등급	1	2	3	4	5	6	7	8	9
반영점수	100	98	95	85	60	40	20	10	0

② 과목별 석차등급 점수=Σ(과목별 석차등급 반영점수×과목별 이수단위)/Σ이수단위

③ 학생부 정량평가 성적=과목별 석차등급 점수×0.8

■ 학생부(정성평가) 평가 방법

① 학생부 진로 선택과목 및 전문교과과목의 교과(성적 및 세부 능력 특기사항)을 종합적으로 정성평가

② 반영점수: 학업수월성 10점+학업충실성 10점

③ 평가 영역 및 평가 내용

평가 영역	평가 내용	
학업 수월성	과목 성취도	과목 수준, 과목 성취도
	성취도별 분포비율	원점수, 과목평균, 성취도별 분포비율 등
학업 충실성	교과목 수 현황	진로 및 적성에 따른 선택과목 수 내용 교과 위계에 따른 선택과목 수 내용
	학업수행 충실도	수업 활동에서 나타난 학업 수행의 충실도(세부능력 및 특기사항)

물론 성취도만 제공되는 선택과목에 대한 정성평가가 정량평가보다 대입 점수에서 작은 부분을 차지하고 있으나 학생부종합전형이나 교과전형에서 대입 자료로서의 존재감을 키워 가고 있다. 앞으로 고교학점제의 전면 시행과 더불어 과목 이수 내역과 그 성취도 및 교과목별 세부능력 특기사항을 종합하여 신뢰성 있는 대입 자료로서 위치를 공고히 하게 될 것이라고 본다.

물론 과거의 행태를 벗어나지 못하는 일부의 교사들은 여전히 변별만을 위한 고난도의 문항 출제 등 성취평가제의 취지에 맞지 않는 모습도 보이나 앞으로의 교육이 지향하는 미래지향적 가치 아래 점차 바람직한 방향으로 변화되리라고 생각한다. 성취기준에 근거한 평가 준거를 마련하고, 각 평가 준거에 맞는 평가의 방법과 수업의 방법을 고민하는 교사들이 늘어나고 있으며, 정책적으로도 뒷받침할

수 있도록 많은 연구가 진행 중이다.

6. 성취평가제의 정착을 위한 제언

이 장의 2절에서 살펴본 '성취평가제란 무엇인가'를 복기해 보자. 결국 성취평가제라는 평가의 변화는 학교에서 일어나는 모든 교수 활동이 변해야 함을 뜻한다.

그에 따른 제언으로 첫째, 교사의 역할 변화가 필요하다. 교수·학습 활동의 계획, 평가 계획, 출제 계획, 평가 결과 분석 등에서 지금까지 관행적으로 해 온 행태를 벗어나 교육과정을 들여다보며 성취기준 하나하나를 분석해 내야 한다. 그리고 모든 활동을 성취기준을 근거로 일관성 있게 연계시켜야 한다. 평가 도구 제작과 문항 개발에서도 타당도 높은 평가 도구를 제작할 수 있는 평가 전문성이 요구된다. 즉 교육과정에 근거하여 성취기준이 적절한지, 성취기준에 근거한 교사의 교수·학습 활동이 적절했는지, 학생들이 성취기준에 잘 도달했는지, 평가 도구가 타당했는지 등에 대해 진단하고 개선해 가는 자세를 통해 교사의 평가 전문성을 향상시킬 수 있도록 노력해야 한다.

학생의 성적을 서열화하기 위해 어려운 함정 문제를 출제하고, 수업에서 다루지 않았던 문제를 출제하거나, 수업에서 다루었단 이유로 교육과정을 벗어난 문제를 출제하는 등 학생 석차의 변별력 확보에 치중했던 평가 방법에서 벗어나 학생이 성취기준에 도달했는지를 평가하여 학생 학력의 실질적 향상을 추구해야 한다. 즉 평가 본래의 목적을 추구해야 한다.

최근 들어 온라인상의 전국 교과 교사 모임에서 교육과정 개정 및 고교학점제의 전면 시행을 앞두고 학교 수업의 목적과 평가의 목적에 대해 열띤 토론이 벌어지는 모습을 볼 수 있었다. 이는 평가 패러다임의 변화가 피부로 느껴지고 있기 때문일 것이다. 여전히 변별을 위해 어려운 문제가 필요하다는 입장도 팽팽하지만, 성취평가제에서의 평가 결과 분석을 통해 변별의 허상을 마주하게 될 것이다. 우리가 곧잘 오해하고 있는 것이 어려운 문제가 변별도 높은 문제라고 생각하는 것이다. A 수준의 아이들조차 잘 풀 수 없는 문제라면 성취도 A/B를 구분하기 위한 변별의 기능을 상실한 것이다. 대학수학능력시험에서 소위 킬러 문항은 사회적 논란이 되곤 한다.

혹자는 그런 현실에서 내신 시험에서 어려운 문제를 다루는 것이 학생들을 위한 것이라고도 한다. 하지만 그 누구도 그 문제가 좋은 문제라고 하지 않는다. 시간을 정해 놓고 불가능한 것을 해 보라고 채찍질하는 것은 너무나 기형적인 평가 장면이 아닐 수 없다. 고교학점제와 더불어 대학수학능력시험의 위상 변화도 감지되고 있다. 가장 바람직한 것은 대학수학능력시험에도 절대평가를 적용하는 것이다. 물론 더 수준 높은 배움이 필요한 학생이 있을 수 있다. 그 학생에게 필요한 것은 어려운 문제에 대한 도전일 수도 있겠지만, 이는 혼자서도 충분히 내적 동기를 가지고 도전해 볼 수 있다. 또한 수준 높은 배움이란 타 교과와의 융합이나 실생활에서의 문제해결력 등 역량 성장이 이루어져야 더 바람직할 것이다. 학생이 배움의 기회를 넓힐 수 있는 활동은 학교교육과정 내에서 충분히 찾아낼 수 있다. 이제 지필평가가 끝난 후 학생들이 시험이 어려웠다고 평가하는 모습을 보며 출제 수준이 높았다고 은근히 자랑스러워하는 어리석음은 끝내야 한다.

둘째, 교사가 충분히 고민하고 연구할 수 있는 충분한 시간을 확보할 수 있도록 학교조직의 변화가 필요하다. 가장 기본적인 교수 활동과 학생의 삶을 돌보는 상담 활동에 치중할 수 있는 여건이 마련되어야 한다. 교수·학습 활동과 평가 활동에 얼마나 품을 들여야 하는지에 대한 이해가 필요하고, 교사에게 이것을 고민할 충분한 시간의 확보가 무엇보다 중요하다.

셋째, 교사들의 평가 전문성 신장을 위한 각종 평가 관련 연수는 평가 문항의 진술 방식이나 선지의 구성 등 평가지의 작성에 대한 연수가 대부분이다. 이제 본격적인 성취평가제를 앞두고 이러한 연수의 방향도 분명 달라져야 한다. 또한 학교의 모든 구성원이 성취평가제에 대한 이해도를 높일 방안을 모색해야 한다.

학교에서의 평가 과정을 다시 살펴보자.

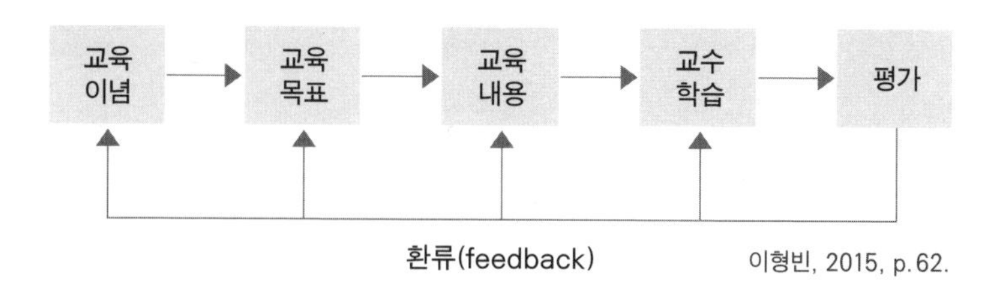

이형빈, 2015, p.62.

중등교사인 필자는 위 그림에서의 환류feedback, 피드백에 대한 마음의 짐이 있다. 많은 교사가 그러할 것이다. 교사로서 학생들의 학습과 성장을 지원해 줄 환류의 과정을 통해 한 명의 학생도 포기하지 않는 '초인'이 되지 못함을 항상 마음속에 무거운 짐으로 갖고 있다. 하나의 이상향임에도 교사인 '나'는 그러했으나 이제 우리는 제도적인 측면에서 그리고 사회의 변화 안에서 '평가'의 변화를 기쁘게 맞이할 수 있게 되었다. 물론 사회적인 공감대의 형성과 여러 제도적 측면의 보완 사항은 여전히 많지만, 희망의 노래를 부르는 '꿈꾸는 교사'가 되어 보자.

6장
수업과 평가를 어떻게 유기적으로 구성할 것인가?

김현정

1. 문제 제기

수행평가로만 학생들의 학업성취도를 평가하는데, 어지간하면 다 '매우 잘함' 줘야 해요. 교과학습발달상황 서술도 사실상 붙여 넣기고요. 학부모들에게 이 부분은 정말 와닿지도 않는 것 같아요. '읽지도 않을 거 뭐 하러 정성스럽게 쓰고 있나'라는 생각이 들고요. 옛날처럼 수우미양가 표기하는 게 나은 것 같아요. 무엇보다 아이들이 수업에 참여하게 하는 정말 좋은 동기부여를 뻥 차 버리는 것 같아서 아쉬워요. 아이들이 공부를 대하는 관점이 좀 다르다는 걸 느낍니다. _초등교사 박○○

평가의 방향이 수준 상중하를 가르는 게 아니라, 교사가 아이들에게 시켜 보고서 '넌 이 부분을 어려워하니 가르쳐 줄게' 혹은 '왜 못할까?' 같이 고민해 보는 것으로 바꿔 가는 거고. 교사와 고민하고 다시 풀어 보면서 그 시간 수업을 완전학습화해 가는 게 수행평가인데… 성장중심평가 서술도 학생들이 뭘 새롭게 알았는지, 무엇을 어려워하는지 어찌하면 개선이 되는지를 학부모와 공유하고 같이 고민하자고 만든 건데, 입시제도와 맞물려서 현장에 오면 애들은 애들대로 못하겠다고 뻗대고, 교사는 민원 때문에 거짓말을 해야 하는 이상한 방향으로 진행이 되더라고요. 그럼 그 제도적인 문제를 개선해야 하는데, 정책이 시행되면 문제는 해결될 것이라는 안일한 방향으로 진행되어 버린 게 평가제도의 문제점 같습니다. _초등교사 정○○

초등은 시험에 대한 압박이 상대적으로 적은 편인데도 '수행평가야'라고 말하는 순간 아이들이 굉장히 걱정을 해요. 결과 자체보다 결과에 대한 비교 때문인 것 같습니다. 그러면서 자신이 좀 어렵거나 잘되지 않는 영역은 학원에 가서 보충하려고 해요. 학부모들도 학교에서 남아서 무언가 지도하는 걸 굉장히 꺼리세요. 낙인효과 등을 걱정하시고요. 이런 모습을 보다 보면 학교는 결과를 내기 위한 곳이고, 수업은 배우는 과정이 아니라 평가를 위한 시간이 되는 것 같아 안타깝습니다. _초등교사 김○○

현재 교육현장에서 평가는 수업과 유기적인 연결성이 매우 약하다. 앞서 초등교사의 말에서도 알 수 있듯이 수행평가는 대부분 '매우 잘함'을 준다. 평가 관점이나 과정보다는 결과에 대한 민원이 훨씬 많기에 '매우 잘함'을 주면 생기지 않을 민원 거리를 굳이 만들지 않기 위해서다. 초등의 평가 결과는 입시 등의 변별 자료로 사용하지 않지만, 그래서 오히려 평가를 애매모호한 영역으로 남겨 두고 있다. 중등의 경우 과정중심평가가 교육과정 문서상에 존재하지만 실제 과정중심평가는 수행평가 비율이 몇 퍼센트가 되느냐에 머물러 있다. 초·중등 공통적으로 평가는 수업과는 별개인, 또는 수업을 넘어선 또 다른 어떤 영역이다. 우리나라 교사들은 어떻게 가르칠 것인가를 많이 연구하고, 고민하고 있다. 교수법이나 교수·학습 전략에 대한 연수가 넘쳐나고 참여율도 높지만, 평가에 대한 연수는 참여율도 낮고 내용이 고리타분하다는 인식이 많다. 평가는 교사의 전문성을 넘어선, 바뀌지 않는 고정적인 영역이라고 생각하기 때문이다.

결과를 위한 평가를 하면 수업도 결과를 내기 위한 전달 형태가 되는 게 당연하다. 21세기를 살아가는 아이들에게 필요한 삶의 자질, 역량을 함양하는 것이 교육의 목적이고 방법이라면 평가도 그에 걸맞게 달라져야 한다. 평가와 수업은 매우 유기적인 관계이지만 그 유기성을 현장에서 실현하는 데 많은 교사가 어려움을 겪는다. 수업과 평가를 어떻게 유기적으로 구성할 수 있을까?

과거 평가와 수업을 별개의 독립적인 활동으로 여겼던 관점에서 벗어나 최근 교육과정-수업-평가 일체화, 과정중심평가 등의 용어를 통해 평가와 수업이 별개가 아니라 하나의 흐름으로 상호작용해야 함이 강조되고 있다. 수업과 평가를 유기적으로 구성하기 위해서는 수업 중에 얻은 학생 정보를 피드백한 후 다음 수업에 투입해야 한다. 즉 수업이 곧 평가가 되고 평가가 곧 수업이 되도록 설계해야 한다. 여기에 필요한 것이 바로 교사의 교육과정 문해력이다. 교사는 교육과정 문해력을 바탕으로 성취기준 중심의 수업을 설계할 수 있는 숲을 보는 안목을 갖추어야 한다. 숲 안의 나무는 학습 목표에 도달할 수 있는 단위 수업이라고 할 수 있다. 숲과 나무를 함께 보는 안목으로 수업과 평가를 연결하고 서로의 영향을 바르게 이해하는 것이 우선되어야 한다. 이 장에서는 초등학교 사례를 중심으로 논의를 전개한다.

교과서를 금과옥조처럼 여기던 시대는 지나갔지만 학교현장은 여전히 교과서 중심으로 돌아간다. 교과서를 사용하지 않으면 당장 학생들부터 '왜 이 페이지는 하지 않고 넘어가는지' 질문한다. 학생들의 질문에 교사는 '성취기준'으로 답할 수 있다. 수업은 학생들이 성취기준에 도달할 수 있도록 설계해야 하고, 교과서는 이를 돕는 좋은 자료 중 하나일 뿐이다. 교사들 또한 여기에 발목 잡히기는 마찬가지다. 소위 진도를 나간다는 의미는 무엇인가? 이 수업을 통해 학생들은 무엇을 성장시켜야 할 것인지, 학생은 얼마나 성장하고 있는지를 연구하기보다 어떻게 하면 교과서의 내용을 잘 전달할 것인지를 고민한다. 물론 교과서는 교육과정을 보편화하여 정제한 좋은 자료라고 할 수 있지만, 그 자체가 학생들이 배워야 할 '무엇'이라고 보기는 어렵다. 반면에 교사가 자기 소신과 가치대로만 가르치면 된다는 오류에 빠지기도 한다. 최근 교사 교육과정, 교사별 평가 등을 강조하면서 자칫 교육과정을 자의대로 해석해서 전달하는 것이 문해력이라고 생각하는 착각에 빠질 수 있다. 교과서를 금과옥조로 여기지 않으면서, 교사의 교육과정에 대한 자의성도 경계해야 한다. 그러기 위해서는 먼저 성취기준 분석을 정확히 해야 한다.

2. 성취기준 분석

수업의 출발점은 무엇보다 교육과정 읽기에 있다. 즉 성취기준 분석을 통해 교사는 내 앞에 있는 아이들에게 맞춰진 수업과 평가를 함께 고민해야 한다. 먼저 초등학교 국어 성취기준 한 부분을 자세히 살펴보자.

[4국03-04] 읽는 이를 고려하여 자신의 마음을 표현하는 글을 쓴다.

(가) 학습 요소

문단 쓰기(중심 문장과 뒷받침 문장 이해하기), 시간의 흐름에 따라 쓰기, 의견이 드러나는 글 쓰기, 마음을 표현하는 글 쓰기, 쓰기에 자신감 갖기(글을 적극적으로 나누는 태도 갖기)

(나) 성취기준 해설

이 성취기준은 읽는 이의 흥미나 관심, 입장, 반응 등을 고려하여 글을 쓰는 자세를 기르기 위해 설정했다. 글은 글쓴이와 읽는 이가 만나는 공간이다. 글을 통해 다른 사람과 소통하려면 읽는 이의 흥미나 관심, 입장, 반응 등을 고려하여 글을 써야 한다. 친구, 부모님, 선생님, 이웃 등 주위 사람을 대상으로 하여 고마움, 미안함, 기쁨, 슬픔, 사랑, 우정, 고민 등 자신의 정서와 감정을 표현하는 글을 쓰는 경험을 통해 읽는 이를 고려하여 쓸 내용을 마련하거나 적절한 표현을 할 수 있는 능력을 기르도록 한다.

2015 개정 교육과정은 성취기준과 함께 학습 요소와 성취기준 해설을 제공한다. 학습 요소는 학생들이 배워야 할 학습 내용을 핵심어로 제시한 것이다. 성취기준에서 학생들이 배워야 할 내용과 수업을 통해 할 수 있기를 기대하는 능력을 추출하고 이를 평가 요소로 삼을 수 있다.

초등학교 3학년 국어를 사례로 든다면, 다음과 같이 성취기준과 평가를 연계할 수 있다.

학년, 학기	초등 3학년 1학기
영역	쓰기
성취기준	읽는 이를 고려하여 자신의 마음을 표현하는 글을 쓴다.
평가 요소	마음을 표현하는 글 쓰기, 글 쓰기에 자신감 갖기
관련 기능	추론하기, 표현하기

⇩

평가 과제	부모님께 마음을 표현하는 편지 쓰기

3. 수업 설계

성취기준을 분석한 후에는 수업과 평가 흐름을 설정할 수 있다. 성취기준을 분석하여 선정한 평가 과제는 '부모님께 마음을 표현하는 편지 쓰기'이다. 학습 단계 1에서는 부모님, 가족들과 있었던 다양한 경험을 떠올린다. 초등 3학년은 도덕과 성취기준과 연계하여 가족의 소중함을 기르는 단원과 통합하여 운영할 수 있다.

[표 6-1] **수업 활동에 따른 평가 및 피드백 계획**

학습 단계	수업 활동	평가 및 피드백 계획
1	경험한 일 정리하기	
2-3	있었던 일과 관련하여 그때의 마음 파악하기	평가 1. 마음을 나타내는 말 사용
4-5	편지 쓰기 방법과 마음을 표현할 때 들어갈 내용 확인하기	평가 2. 편지 쓰기 방법 확인
6-7	읽을 사람을 생각하여 마음을 표현하는 글 쓰기	평가 3. 부모님께 마음을 표현하는 편지 쓰기

학습 단계 2-3에서는 있었던 일과 관련하여 그때의 마음을 파악한다. 초등 3학년 1학기에는 경험과 감정을 나타내는 낱말을 연결하는 것이 다소 어려울 수 있다. 학생의 수준을 고려하여 짧은 상황에서 마음을 생각해 보는 자료를 제공하거나 학생 상호 간 피드백을 주고받을 기회를 제공할 수 있다. 이 성취기준이 도달하고자 하는 능력은 마음을 표현하여 글을 쓰는 것이므로, 마음을 표현하는 낱말 사용은 굉장히 중요한 학습 요소다.

학습 단계 4-5는 편지 쓰기 방법을 익히고 마음을 표현할 때 들어갈 내용을 확인하는 과정이다. 편지 쓰기의 기본 형식과 마음을 표현할 때 들어갈 내용을 익힐 수 있도록 수업을 전개한다. 이 단계에서는 전 단계에 파악한 학습자의 학습 수준을 적극적으로 고려하여 피드백해야 한다.

학습 단계 6-7은 그동안 학습했던 내용을 바탕으로 부모님께 마음을 표현하는 편지를 쓰는 시간이다. 마음을 나타내는 낱말을 적절히 사용하여 편지를 쓰도록 한다.

이와 같이 수업 설계는 성취기준이라는 교육 목표를 달성하는 데 가장 효과적인 학습 경험을 선정하는 것이 중요하다. 그리고 수업은 평가 및 피드백 계획과 연계하는 것이 중요하다. 이상의 표와 같이 성취기준이 파악되면, 수업 활동과 평가 활동(피드백 포함) 계획이 한눈에 들어올 수 있도록 표를 작성하는 것이 좋다. 최근에는 평가 계획을 가장 먼저 수립하기도 하는데, 이는 교육과정과 평가의 연계 필요성에 기인하는 것이다. 이 사례에서의 평가 계획은 다음과 같이 세워졌다.

[표 6-2] 평가 계획

수준 \ 평가 요소		읽는 이를 고려하여 자신의 마음을 표현하는 글 쓰기
성취기준 도달	매우 잘함	읽는 이를 고려하여 있었던 일과 관련하여 자신의 마음을 전하는 낱말을 알맞게 사용하여 편지를 형식에 맞추어 썼다.
	잘함	읽는 이를 고려하여 있었던 일과 관련하여 자신의 마음을 전하는 낱말을 사용하여 편지를 형식에 맞추어 썼다.
	보통	읽는 이를 고려하여 있었던 일과 관련하여 자신의 마음을 전하는 낱말을 사용하여 편지를 썼다.
성취기준 미도달	노력 요함	읽는 이를 고려하여 있었던 일과 관련하여 자신의 마음을 전하는 낱말을 사용하기 어렵고 편지를 형식을 갖추지 못했다.

4. 평가 도구 개발

4장에서 살펴본 바와 같이 교사들은 평가 도구를 개발할 능력을 갖추어야 한다. 가장 적합한 평가 도구는 교육 목표 달성 여부를 확인하는 데 가장 효과적인 것이다. 교사들은 평가 도구의 질을 스스로 점검하고 개선해 가야 한다.

'읽는 이를 고려하여 자신의 마음을 표현하는 글을 쓴다'는 성취기준의 목표 달성 여부를 알아보기 위해 어떤 평가를 해야 할까? 어떤 수행평가를 통해 이 성취기준이 달성되었는지 알아볼 수 있을까? 이 질문에 대한 적절한 대답이 평가 도구의 개발이라 할 수 있다. 다음과 같은 평가 도구를 개발해 보자.

> 어버이날을 맞이하여 부모님께 전하고 싶은 마음을 떠올려 봅시다. 편지에 들어가야 할 내용을 확인하고 마음을 나타내는 말을 적절히 사용하여 편지를 써 보세요.
>
> 평가 1. 마음을 나타내는 말 사용 [양식 1]
> 평가 2. 편지 쓰기 방법 확인 [양식 2]
> 평가 3. 부모님께 마음을 전하는 편지 쓰기

첫째, 마음을 나타내는 말을 효과적으로 사용할 수 있는 능력을 파악하기 위해 과제 양식을 개발해 보았다([양식 1]).

[양식 1] 마음을 나타내는 말

다음 상황에서 알맞은 말을 사용하여 마음을 전해 봅시다.

할아버지 생신에 모인 상황

친구와 다툰 상황

친구가 상을 받지 못한 상황

친구가 준비물을 빌려준 상황

둘째, 편지 쓰기 방법에 대해 잘 알고 있는지 파악하기 위해 과제 양식을 개발하였다([양식 2]).

수업 중 평가에서 가장 중요한 것은 학습자에게 배움이 일어났는가를 확인하는 것이다. 교사와 학생, 학생과 학생 사이에서 일어나는 다양한 상호작용 속에서 교사가 관찰하여 확인할 수 있는 학생의 배움 과정을 평가한다.

특히 수업 설계에서 계획한 평가 활동에 주목하여 관찰할 필요가 있다. 학습 단계 2-3 '있었던 일과 관련하여 그때의 마음 파악하기'

[양식 2] 편지 쓰기 방법

리디아에게

리디아야, 안녕?

나는 (　　　　)초등학교 3학년 (　　　　　　　)라고 해.

『리디아의 정원』에 나오는 네 편지를 읽고 너에게 편지를 쓰고 싶었어.

이제 집으로 돌아가면 가족들과 함께 행복하게 지내길 바랄게. 안녕.

수업 활동에서 평가 요소는 '마음을 나타내는 낱말을 사용할 수 있는가?'이다. 이때 교사는 다양한 수업 방법으로 이를 확인할 수 있다. 글쓰기 활동이 주된 수업 활동이므로 마음을 나타내는 낱말을 공부하고 짧게 일기 쓰기 활동을 할 수 있다. 또는 학생들의 수준이나 흥미를 고려하여 자신의 경험과 함께 그때의 감정을 발표해 보는 활동을 할 수도 있다. 핵심은 마음을 나타내는 낱말을 학생들이 적절하게 사용할 수 있는지를 확인해 보는 것이다. 수업에서 가장 핵심적으로 평가해야 할 학습 요소를 학생들이 해야 할 활동으로 나타내어 보면 적절한 발문도 어렵지 않게 찾을 수 있다.

위의 예시에서 주된 평가 영역은 글쓰기 기능이다. 마지막 학습 단계에서 학생의 글쓰기 활동을 관찰하며 '마음을 표현하는 글을 쓸 수 있다'는 가장 핵심적인 평가 요소이자 학생들이 해야 할 활동이다. 교사가 수업 활동을 하며 학생이 이 활동을 적절하게 하고 있다고 판단하면 그것으로 곧 평가가 이루어졌다고 할 수 있다.

마지막으로 학생이 쓴 글은 학습 활동 결과의 산출물이며 이를 평가하는 것은 최종적인 학습자의 학습 목표 도달을 파악하는 것이다. 이렇게 수업과 평가를 분리하지 않고, 수업 전·중·후가 모두 평가와 긴밀하게 연결될 수 있도록 교육과정을 디자인해야 한다. 교육과정 내에서 학습자의 변화와 자기 성찰이 가능해지도록 하는 게 곧 교사의 역할이자 전문성이다. 자기평가 양식은 다음과 같이 제시할 수 있다.

[표 6-3] 자기평가 양식

평가기준	매우 잘함	잘함	보통
마음을 나타내는 말을 알맞게 썼다.			
편지의 형식에 맞게 썼다.			
내가 쓴 편지를 읽고 알맞게 표현을 고쳐 사용했다.			

5. 평가 결과의 활용

평가의 목적이 진정한 학생의 역량 성장이라면, 평가는 다시 학습으로 이어져야 한다. 학생들이 마음을 표현하는 글쓰기를 제출했다면, 교사는 이 서술 평가를 채점한 후 평가지를 학생들에게 되돌려준다. 아무런 검토 의견이나 피드백이 없다면 평가지는 학생의 가방 어딘가에 오랫동안 구겨져 있다가 결국 쓰레기통으로 직진할 것이다. 이렇게 되면 학생은 실수나 잘못에서 배울 수 있는 기회를 놓친 셈이다.

피드백은 학습에 대한 책임을 학습자에게 확대하는 것이다. 학습자를 향한 피드백은 학습자의 성장을 독려하고 학습자의 교사에 대한 피드백은 수업의 질 개선을 촉진한다. 수업의 질 개선은 평가로부터 다양한 정보를 얻을 수 있고 이를 다음 수업에 활용할 수 있음을 의미한다. '내가 선택한 수업 방법이 효과가 있었나?' 정도의 질문을 교사가 스스로에게 던져 보고 답을 하는 과정은 더 나은 수업 설계로 이어질 것이다.

이제 우리가 생각해 볼 문제는 '평가를 어떻게 해야 잘할 것인가?', '어떻게 수업을 잘할 것인가?'가 아니다. 가장 먼저 해야 할 일은 평가에 대한 인식을 바꾸는 것이다. 평가를 변별의 도구가 아니라 성장의 도구로 써야 한다.[이명섭, 2017] 수업과 평가를 유기적으로 구성하는 데는 현실적인 어려움이 많다. 특히 교사의 발목을 붙잡는 것은 평가 지침이다. 지침으로 정해진 교육과정은 문자 그대로 지침이 되어 꿈쩍을 하지 않고 교사들을 지치게 한다. 평가의 변화 없이 수업의 변화를 이룰 수는 없다. 평가의 근본적인 패러다임을 바꾸지 않으면 수업의 변화는 반쪽짜리에 불과하다.

한국의 교사들은 갑자기 다가온 미래의 교육 상황에서도 전문성을 잃지 않도록 노력해 왔다. 전통의 교수 방법부터 온라인 학습 도구를 활용한 블렌디드 수업까지 나날이 발전해 온 수업의 질은 교사들의 수업에 대한 깊은 고민에서 시작되었다. 흔히 교사의 전문성은 수업으로 나타난다고 한다. 그렇다면 교사는 무엇을 위해 수업을 하는가? 학생들의 성장과 변화이다. 학생들의 성장과 변화가 없는 수업, 그것을 확인하지 않는 수업은 아무런 의미가 없다. 수업과 평가에 대한 유기성은 별개로 존재하는 게 아니라 수업이 곧 평가이고 평가가 곧 수업이다. 평가에 대한 교사들의 패러다임 확장은 곧 좋은 수업으로 이어질 것임을 확신한다.

7장
수행평가, 어떻게 효과적으로 운영할 수 있을까?

박현정

수행평가는 20년 동안의 교직 생활에서 나를 고민에 빠지게 했던 부분이다. 기본적인 평가를 넘어서서, 학생들의 성장과 나의 수업 개선이 더해지면 뿌듯했다. 과정평가를 선호하면서 객관성, 공정성을 더 신경 쓰고 있다. 수행평가 한 장으로 학생들의 이해 정도를 판단하는 게 쉽지 않지만, 몇 시간의 수업 과정으로 학생을 평가하는 게 쉬운 일은 아니지만, 수행평가를 어떻게 효과적으로 운영할지 고민했던 것들을 함께 논의해 보고자 한다.

1. 수행평가의 의미

수행평가의 시행은 선다형 시험으로 대표되는 정답 찾기형 평가를 극복하고자 한다는 면에서 교육환경의 개혁과 연관이 있다. 수행평가가 갖는 이러한 교육개혁의 의의는 미국과 우리나라에서 수행평가가 도입되고 확산된 과정을 살펴보면 분명히 알 수 있다. 미국의 경우 수행평가는 오래전부터 사용되어 온 평가 방법이었으나 20세기 초·중반 학생 수의 급증에 따른 예산 지출의 증가로 교육재정에 대한 비용-효과를 고려하게 되었고, 마침내 1965년 정부로부터 재정 지원을 받는 학교는 표준화 검사를 받도록 의무화하는 교육법이 통과되었다. 그런데 이러한 점수 위주의 교육에 대한 교육자들의 반발이 일어나면서 1980년대에 표준화 검사의 대안으로 수행평가가 의미를 부여받게 되었다.남명호, 2007

수행평가의 목적은 구체적인 상황에서 학생이 실제로 행동하는 과정 및 결과를 평가함으로써 창의력과 문제해결력을 길러 주는 데 있다. 학습 결과나 성취 중심의 평가에서 벗어나 학습 과정 중심의 평가를 지향하며, 또한 교사와 학생, 학생과 학생 간의 역동적 관계를 중시하는 것이 특징이다. 효과적인 수행평가는 교육 개선과 학습 증진을 기본으로 하며, 학습 현장에서 교사, 학습 내용, 전달 과정의 상호작용을 다양한 방향으로 종합하여 의사결정의 자료로 활용하는 데 의의를 둔다. 이런 점에서 수행평가는 개인차를 고려한 교육활동에서 구체적으로 활용될 수 있는 평가 방식이라 하겠다.

과정중심평가란 교육과정의 성취기준에 기반한 평가 계획에 따라 교수·학습 과정에서 학생의 변화와 성장에 대한 자료를 다각도로 수집하여 적절한 피드백을 제공하는 평가이다. 과정중심평가는 학생이 학습하는 과정과 학생이 수행하는 과정을 평가의 대상에 포함시키는 동시에, 평가 결과 활용 범위를 확장하고 평가를 학습의 도구로 사용하고자 하는 의도가 강조된다.

또 과정중심평가는 결과중심평가와의 대비로 볼 수 있다. 과정중심평가는 학생이 지식을 알고 있는지 여부를 평가하는 결과중심적인 평가와 대비되어 학생의 해결 과정에 중점을 두는 평가이다. 이 때문에 과정중심평가는 피드백을 중시한다.[교육부, 2021]

원효헌·허균[2015]은 평가 목표의 차별화 전략을 강조하면서 교수자뿐만 아니라 동료평가, 자기평가 등이 이루어져야 한다고 했다. 또한 평가 시기의 상시화 전략을 주장하면서 수업과 연계된 수행평가를 위해서는 수업 전 평가 활동, 수업 진행 중 평가 활동, 수업 종료 후 평가 활동을 고려하고 평가 과제 선택 방식에 따라 다양한 평가 방법이 적용되는 전략을 활용해야 한다고 주장했다.

수행평가에는 서술형·논술형 평가부터 구술, 실기 평가, 실험·실습, 면접, 관찰, 프로젝트, 포트폴리오까지 다양한 평가가 있다. 본론에서는 여러 가지 수행평가를 살펴보고 시간 대비 효용성 높게 수행평가를 진행하는 방법을 이야기해 보려 한다.

2. 수행평가의 유형

서술형·논술형 평가

서술형이나 논술형 평가는 많은 교과에서 사용하는 평가 방식이며, 수학이 전공인 나 또한 많이 사용하는 평가 방식이다. 학생이 아는 만큼 자신이 이해한 범위 내에서 답안을 작성하고 교사는 학생이 얼마나 알고 있는지, 어느 부분을 놓치고 있는지를 파악해서 그에 맞는 피드백을 주도록 한다.

공간에서 두 직선의 위치 관계를 수업하고 난 뒤 수행평가를 본 적이 있었다. 실생활에서 평행한 두 직선과 꼬인 위치의 두 직선을 찾을 수 있는지를 확인하는 수행으로, 서술형을 본 것이다. 다섯 가지를 찾으라는 문제였는데, 학생들의 질문이 많았고 너무 많은 경우에 학생들이 당황스러워했다. 문제의 끝에 '교실 안에서 찾기'를 넣으라고 했더니, 질문 없이 찾아서 적어 내려갔다.

[서술형] 실생활 공간에서 평행한 두 직선과 꼬인 위치의 두 직선을 찾아 각각 다섯 가지를 찾아 적어 보세요.

⇩

[서술형] 실생활 공간에서 평행한 두 직선과 꼬인 위치의 두 직선을 찾아 각각 다섯 가지를 찾아 적어 보세요.(교실 안에서 찾기)

이렇듯, 서술형·논술형 평가를 효과적으로 운영하기 위해서는 문제의 조건을 명확히 명시하면 훨씬 더 수월하게 수행평가를 할 수 있을 것이다. 논술형 평가에서 제일 어려운 점은 많은 시간이 소요된다는 점이다. 이럴 때는, 문항에 대해 배점, 응답 길이 및 예상 응답 시간을 정확히 명시하면 훨씬 효과적으로 진행할 수 있다.

[논술형] 우리 반 학생들의 발 길이를 세 학생이 각각 조사하였다. 이 자료들을 모두 모아서 정리할 때, 세 학생의 자료 수집 방법을 읽고 나타날 수 있는 문제점을 적어 보세요.

⇩

[논술형] 우리 반 학생들의 발 길이를 세 학생이 각각 조사하였다. 이 자료들을 모두 모아서 정리할 때, 세 학생의 자료 수집 방법을 읽고 나타날 수 있는 문제점을 적어 보세요.(배점: 10점, 길이: 200~300자, 예상 응답 시간: 10분)

과정중심평가는 학생들이 수업 시간에 학습한 내용이 평가에 반영되어야 한다는 평가의 기본 원칙을 다시금 상기시킨다. 따라서 과정중심평가를 실천하기 위한 방법의 하나인 서·논술형 평가 역시 수업과 긴밀하게 연계되어야 한다. 수업과 연계한 서·논술형 평가는 평가 계획의 수립, 평가 도구의 개발과 평가 실시, 채점과 결과 처리, 학생에게 피드백 제공, 그리고 평가 계획으로부터 피드백 제공까지의 전체 과정을 성찰하여 이후의 평가 활동을 위한 개선점을 찾는 교사의 자체 평가 과정을 단계적으로 살펴 나가는 것이 좋다.김경희·이명진, 2021

구술평가, 실기평가

구술평가는 지필 검사 이전부터 시행되어 온 가장 오래된 수행평가의 한 형태이다. 학생들에게 특정 수업 내용이나 주제에 대해서 질문하고 의견이나 생각을 발표하도록 하여 평가한다. 실기시험은 학생들이 지식이나 기능을 직접 행동으로 나타내 보이는 시험이다. 수행평가에서의 실기시험은 시험을 치르는 상황이 통제되거나 강요된 상황이 아니라 실제로 실기가 이루어지는 상황 속에서 이루어진다.

학생들이 구두로 대답하는 시험으로 상세하고 폭넓은 포괄적 질문도 가능하며, 특히 국어, 영어, 중국어, 일본어 등에서 많이 활용하는 방법이다. 학생들은 구술시험에 심리적인 부담감을 크게 느낄 수 있고, 학생이 자신의 답을 수정할 수 없다는 단점이 있다. 이런 단점을 보완해서 잘 진행하려면 발표 계획서 및 활동지를 작성하게 하는 방법이 좋다. 학생들은 구술 수행평가 전에 차근차근 정리하여 구술

시험의 완성도를 높이고 마음의 부담감도 덜 수 있다. 구술평가 전에 동영상을 이용해서 구술 활동을 1~2차시 진행하면 효과가 더 크다. 모든 평가 전에 계획을 세우며 관련 성취기준과 평가 요소를 정확히 학생들에게 알리는 것도 중요하다.

한번은 중학교 1학년을 대상으로 일차방정식에 대한 구술평가를 본 적이 있다. 학기 초와 수행평가 2주 전에 성취기준, 평가 요소를 알려 주고 2차시에 걸쳐 일차방정식 문제 해결의 정확성 및 의사소통을 확인하는 구술 활동으로 동영상(UCC) 만들기를 진행했고, 2분 이내로 자신만의 방정식 풀이를 영상을 찍어서 위두랑(학급모둠방)에 올렸으며, 영상 안에는 미지수 정하기, 방정식 세우기, 방정식 풀기, 확인하기 내용이 들어가야 함을 강조했다. 잘된 작품을 함께 시청하며 동료평가, 자기평가를 했는데 학생들의 반응이 좋았다. 마지막 3차시 시간, 구술 활동 중 공부한 문제를 뽑아 구술평가를 실시했는데 제한 시간은 2분 이내로 진행하기를 권했다. 뽑은 문제가 어려운 학생에게는 기초 문제를 풀이할 기회를 제공했더니 구술평가가 잘 마무리되었다. 구술 시간이 부족했던 점이 아쉬웠고, 시간을 더 주면 좋겠다는 생각이 들었다.

[그림 7-1] 구술평가(수학)의 예시

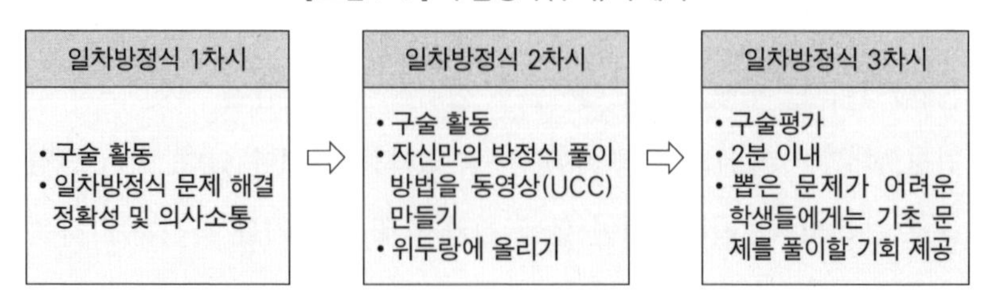

실험·실습

실험·실습법은 주로 자연과학 분야에서 많이 사용하는 방법으로 일반적으로 학생들에게 실험·실습을 하게 한 후 그 결과 보고서를 제출하도록 한다. 실험·실습은 개인 단위로 할 수도 있고 모둠을 구성하여 공동으로 하게 할 수도 있다. 교사는 학생들의 실험·실습 과정을 직접 관찰함과 아울러 제출된 결과 보고서를 동시에 고려하여 평가하게 된다.

[그림 7-2] 실험평가(과학)의 예시

실험 활동		결과 기록		결과 해석
• 실험 안내 및 안전교육 • 모둠 구성 - 모둠원별 역할 분담 • 실험 수행 • 안전 순회 지도	⇨	• 실험 결과 기록 안내 - 단계별 기록 • 안전 순회 지도	⇨	• 실험 결과 해석 • 모둠별 실험 결과 발표 • 뒷정리

실험·실습 평가는 성적이 이질적인 집단으로 구성해야 좋은 결과가 나올 수 있다. 수행평가 절차를 설명한 후 개인별 실험 보고서를 제공하고 실험 안내와 안전교육을 반드시 실시한다. 모둠원끼리 역할 분담을 하도록 안내하여 모두가 참여하는 실험 활동이 되도록 지도한다. 교사는 시험을 수행하는 동안 안전 순회 지도를 하고 모둠별로 실험을 수행하여 실험 보고서에 기록, 해석하여 발표하고 내용을 정리한다. 모둠별로 뒷정리를 하는 것도 꼭 지도해야 한다.

실험·실습의 채점 및 유의점은 채점 항목에 맞춰 단계별로 이루어질 수 있도록 채점표를 작성해야 하고, 모둠 활동 시에는 각자의 역할 분담이 잘 이루어지는지 또 자신의 역할을 성실히 이행하는지 평가한다. 안전 순회 지도를 통해 실험 단계별로 성실히 수행하는지 확인하며 실험 결과의 해석은 단순히 지식을 묻는 것보다 모둠원이 함께 고찰해 볼 수 있는 내용을 제시한다.

면접, 관찰

면접법은 대화를 통해 얻고자 하는 정보를 수집하여 평가하는 방법이다. 교사와 학생이 서로 대면한 상태에서 교사가 질문하여 학생의 대답 능력을 평가하거나 학생이 면담자가 되어 다른 사람을 면접하여 정보를 수집하는 능력을 평가한다. 면접법의 장점은 더욱 심도 있는 정보를 얻을 수 있으며 진행상 융통성을 발휘할 수 있다는 것이다.

관찰법은 학생을 이해하고 평가하기 위한 가장 보편적인 방법 가운데 하나다. 학생의 행동이나 태도를 관찰하여 평가하고 정의적 특성의 평가를 많이 사용한다. 학생 스스로 평가할 수도 있고 교사가 학생을 평가할 수도 있으며 학생이 다른 학생을 평가하기도 한다.

관찰평가를 효과적으로 운영하려면 어떤 특정한 장면이나 상황에서 발생하는 행동 체계를 되도록 상세하고 정밀하게 탐구하기 위해 모든 신체적 기능과 측정 도구를 이용할 필요가 있다. 특히, 일화기록법, 체크리스트를 활용하고 비디오 녹화 후 분석하면 좋은 평가가 될 수 있다.

프로젝트 평가

프로젝트project라는 단어의 사전적 의미는 '앞으로 던진다'라는 뜻에서 출발하여 '생각하다', '연구하다', '구상하다' 등의 의미를 지녔다. 학생이 특정한 주제나 문제에 대해서 일정 기간에 나름대로 자료를 수집하고 분석, 종합, 해결하여 연구보고서를 작성 제출하도록 하고, 이 보고서를 매개로 학생의 탐구 과정을 평가하는 것으로 이루어진다.

무엇보다 결과물과 함께 계획서 작성 단계에서부터 결과물 완성 단계에 이르는 전 과정도 함께 중시하여 평가되어야 한다. 다음의 예시를 보면 잘 알 수 있다.

[표 7-3] **프로젝트 평가 요소(정보) 예시**

평가 영역	평가 요소	매우 우수	우수	보통	미흡	매우 미흡
계획, 중간, 최종 보고서 작성	프로젝트 계획서는 충실히 작성했는가? (인터넷뱅킹, 모바일뱅킹)	10	9	8	7	6
	프로젝트 중간 보고서는 충실한가? (인터넷뱅킹, 모바일뱅킹)	10	9	8	7	6
	프로젝트 최종 보고서는 충실한가? (인터넷뱅킹, 모바일뱅킹)	10	9	8	7	6

프로젝트 수행평가(역사) 예시는 다음과 같다.

주제: 모둠별로 선정한 문화재에 담긴 역사적 사건, 의미 등을 UCC로 만들어 전시하기

절차: 1) 모둠별 문화재 선정
2) 문화재와 연관된 역사적 사실 조사
3) 그에 관련된 UCC 만들기(카드 뉴스, 연극 등)
4) 문화재 사진에 QR code/AR 형태로 동영상 입히기

필수 포함 내용: 1) 문화재 이름
2) 문화재 제작 시대
3) 문화재와 연관된 역사적 사건·사실

프로젝트 종료일: 11월 마지막 역사 시간
(마감일 지나 제출할 경우, 하루마다 1점 감점, 최대 4점 감점)

학생들은 프로젝트 과정에서 시행착오를 경험하고 때로는 실수와 실패를 할 수도 있다. 교사는 프로젝트 학습을 할 수 있도록 단계마다 조언과 안내가 요구된다. 프로젝트는 비교적 긴 기간 동안 진행되는 특성이 있으므로 활동이 지루하거나 산만하게 진행될 수 있다. 이러한 문제점을 해결하기 위해선 긴 기간 동안 진행되는 일련의 과정들을 작은 단위로 나누어서 성공의 기쁨을 느낄 수 있도록 프로젝트 학습을 단계별로 구분하여 실행하는 게 좋다.

포트폴리오

포트폴리오는 작품집 또는 과제철이라고 해석되는데, 한 개인의 지식, 기능, 취향, 기술, 아이디어, 흥미, 성취물을 담아 두는 그릇을 가리킨다. 따라서 포트폴리오는 일반적인 스크랩하고는 종류가 다르고 분명한 근거, 의도, 내용, 기준, 판단 등이 확실해야 하는 학습의 과정이 기록된 것이다. 다시 말하면 학습의 전체적이고 합리적인 준거에 의해 지속적으로 평가한 만큼 이것으로 충분히 점수화할 수 있으며 수행평가의 대표적인 방법 가운데 하나로 각광받고 있다.

학생의 강점이나 약점, 성실성, 잠재 가능성 등을 종합적으로 파악할 수 있고 학생의 성장 과정을 한눈에 볼 수 있어서 학생들에게 유용한 피드백을 제공할 수 있는 게 포트폴리오다. 포트폴리오 평가를 효과적으로 운영하려면 평가 요소 중 포트폴리오의 창의적인 부분을 꼭 살펴야 하고, 포트폴리오 작성 및 발표 시 적정 수준의 어휘를 활용했는지도 꼭 살펴야 한다.

일회적인 평가가 아니라 학생 개개인의 변화와 발전 과정을 종합적으로 평가하기 위해 전체적이면서도 지속적으로 평가하는 것을 강조하면 효과적으로 진행할 수 있다.

자기평가·동료평가

수행 과정이나 학습 과정에 대해 학생이 스스로 평가하거나 동료 학생들이 상대방을 서로 평가하는 방법이 자기평가·동료평가다. 학생들이 자신의 학습 준비도, 학습 동기, 성실성, 만족도, 다른 학습자들과의 관계, 성취수준 등에 대해 스스로 생각하고 반성할 기회가 제공되어야 한다. 교사가 학생을 관찰하고 기록한 내용과 수시로 시행한 평가가 타당했는지를 비교·분석해 볼 기회를 제공하며, 특히 학생 수가 많아서 담당 교사 혼자의 힘으로 모든 학생을 제대로 평가하기 어렵다고 판단될 때 동료평가 결과와 합하여 학생의 최종 성적으로 사용한다면 교사의 주관성을 배제할 수 있을 뿐만 아니라 성적 처리 방식에 대한 공정성도 높일 수 있다.

3. 수행평가에 대한 다양한 시선

앞에서 살펴본 수행평가들은 방식이 계속해서 다양해져 왔다. 상대평가, 양적 평가에서 절대평가, 질적 평가로 변화되고, 한 줄 세우기에서 벗어나고 있다. 학습의 결과보다는 과정이 중시되고, 학문적 지능의 구성 요소보다는 실천적 지능의 구성 요소를 강조해야 한다. 일회적인 평가보다는 지속적·종합적 평가가 필요하고, 선택형 문항을 사용한 지필평가 중심보다는 다양한 평가 방법을 고려하는 게 중요하다. 예전에는 객관성·일관성·공정성을 강조했다면 지금은 전문성·타당성·적합성이 강조되어야 한다. 평가 시기는 학습 활동이 종료되는 시점보다는 학습 활동의 모든 과정에 실시하고, 교수·학습과 평가를 통합시키는 것이 좋다. 교사는 학습의 안내자이자 촉진자로서 역할을 다하고, 학생은 수동적으로 머물지 않고 능동적으로 학습해야 한다. 이제는 평가도 모두 학생 중심으로 탐구 위주로 이루어져야 하고, 기본 학습 능력보다는 창의성, 문제해결력 등 고등 사고 기능이 중시되어야 함을 다시 한번 강조한다.

수행평가에서 제일 중요한 부분은 피드백과 결과 기록하기다. 수행평가의 피드백은 학생의 현재 수준과 학생이 도달해야 할 수행 수준 간의 차이를 자세하게 알려 줌으로써, 학생의 학습과 성장을 지원하고 교사의 수업과 평가의 질을 개선하는 과정이다. 수행평가에서 수행의 결과에 영향을 미치는 요인들을 제대로 파악할 수 있어야 학생의 추후 학습에 대한 피드백을 제공할 수 있다. 수행 과정에서 어떠한 문제가 있었는지, 발생한 문제점들에 대해서 학생이 문제를 적극적으로 해결했는지, 동기가 효능감이 낮지는 않았는지 등 다양한 측면에서 피드백을 제공해야 함을 잊지 말아야 한다. 평가를 시행한 후에는 최종 결과를 학생들에게 제공하고 함께 의사소통하는 작업이 필요하다. 이러한 작업은 평가 결과와 학습을 연결하는 역할을 하게 된다. 평가 결과의 기록은 학생의 학습과 성장을 돕는 방향으로 제공해야 하며, 학생의 학습 동기를 긍정적으로 신장시킬 수 있어야 한다.

8장
효과적인 형성평가, 어떻게 운영하면 좋을까?

김선종

1. 형성평가란 무엇인가?

수업 끝 종이 울리고 교실 문을 나오면서 뿌듯함을 느낄 때면 내가 참 대견스럽다. 학생들이 나의 수업에 집중하였으며 활발하게 수업 활동을 하였고 그 결과물이 빼곡히 적힌 활동 학습지를 보면서 '아! 오늘 참 수업 잘했다'라며 나를 칭찬한다. 하지만 이런 느낌으로 교실 문을 나서는 날이 그리 많지 않은 게 현실이다. 지금 나의 수업을 개선하고 싶은 것은 교사인 내가 늘 지닌 마음이자 숙제다. 오늘의 숙제를 마쳤지만, 그것이 미진함을 알고 있기에 또다시 해야 하는 끝없는 숙제다. 수업은 완성되지 않는 숙제 같다는 생각은 지금도 하고 있다. 완성되지 않는 숙제를 하기 위해 수업을 되돌아본다.

국립국어원 표준국어대사전에 '수업'은 '교사가 학생에게 지식이나 기능을 가르쳐 줌 또는 그런 일'이라고 나와 있다. 지식이나 기능을 가르쳐 주는 것이 수업의 목표이니, 이것이 잘 일어났는지 확인하는 절차가 필요하고 그게 바로 평가이다. 평가는 수업이 잘 이루어졌는지를 확인하는 방법이므로 수업은 평가에서 자유로울 수 없다. 나의 수업 장면을 되짚어 보면 시험 범위를 맞추기 위해 진도에 쫓기듯 수업을 하고 있다고 생각될 때가 있다. 수업을 하고서 수업이 잘 이루어졌는지를 평가해야 하는데, 학교현장에서는 수업과 평가가 주객이 전도되어 평가를 하기 위해 수업을 하는 모습을 자주 발견한다. 또한편 지필평가를 실시하고서 채점을 한다. 그런데 나의 예상과는 다른 결과(학년 평균 또는 학급 평균)를 보고 당혹스러움을 느낄 때가 있다. 무엇이 이런 당혹감을 만들었을까? 이럴 때면 내 수업이 전면 부인당한 기분이 들면서 교사인 나는 무너져 내린다.

이러한 당혹감을 방지하기 위해서, 그리고 평가의 본령을 지키기 위해서라도 형성평가를 제대로 실천해야 한다. 이지운·노지화[2020]가 정리한 바에 따르면, 형성평가의 다양한 정의는 [표 8-1]과 같다.

형성평가가 교수·학습이 진행되는 상황에서 일어난다는 것과 피드백을 중시한다는 점은 과정중심평가와 맥락을 같이한다. 수행평가가 학생의 지식, 기능, 태도 등에 대한 자료를 수집하기 위해 학습 과정 속에서 실시되는 과제 수행 과정과 결과를 평가한다는 면에서 과정중심평가와 맥락을 같이한다.[이지운·노지화, 2020]

[표 8-1] 형성평가의 정의

연구자	연구자가 사용한 형성평가의 정의
Scriven (1967)	교육과정의 개선을 통하여 수업을 발전시키기 위한 평가.
Bloom (1969)	교수·학습 과정의 매 단계에서 피드백을 제공하는 것.
Black, Wiliam (1998)	수업 중에 교수·학습을 조절하기 위해 피드백으로 사용되는 정보를 제공하기 위하여 교사와 학생이 수행하는 모든 활동.
Cowie, Bell (1999)	학생이 주도적으로 참여하는 평가를 강조하면서, 교수·학습 도중에 학습을 강화하기 위하여 교사나 학생들이 학습을 재인식하고 반응하는 과정.
Boston (2002)	교수·학습이 진행되는 동안 교사와 학생에게 피드백을 제공하는 진단적 활용.
Kahl (2005)	교사가 가르치는 기술이나 어떤 주제에 대하여 학생이 따라가는 정도를 측정하기 위한 도구, 학습하는 과제에 대한 잘못된 개념, 오해, 실수를 규명하여 수정하기 위한 과정.
Popham (2008)	학생의 현황에 대한 정보를 이끌어 내기 위한 일련의 계획된 과정.
McMillan (2014)	학생의 학습 증거를 수집하고 그 자료에 근거하여 학생들에게 피드백하고 학생의 성취도를 높이기 위해 교수 전략을 개선하기 위한 평가.
박정 (2013)	학습 향상을 위해 교수·학습 과정 중에 이루어지는 과정 평가, 학습 향상을 위해 사용되는 평가 방법이나 도구를 의미.
김희경 외 (2014)	학생의 학습 상황을 점검하여 이를 토대로 향후 학습의 방향을 설정하고 촉진하기 위한 목적으로 필요할 때마다 수시로 실시하는 평가 활동. 학생이 자신의 학습에 대해 성찰할 수 있는 기회를 부여함으로써 스스로 효과적인 학습 전략을 습득하고 자기주도적 학습 능력을 형성하도록 지원하는 평가 활동.
김성숙 외 (2015)	학습을 극대화시키기 위해 교수·학습 장면에서 학생의 자료를 다각적으로 수집함으로써, 교사는 이에 근거하여 피드백하는 일련의 계획된 과정인 동시에 학생은 스스로 성찰할 수 있는 기회를 갖게 되는 교수, 학습, 평가의 통합된 활동.

이지운·노지화, 2020, p. 7.

2. 과정중심평가로서의 형성평가

> 같이 생각을 정리해 보고 싶은 말들
> : 수업, 평가, 평가의 목적, 평가를 위한 수업, 결과로서의 평가

수업이 잘 이루어졌는지를 알아보는 데는 설문, 수업일기, 자기평가와 같은 여러 가지 방법이 있지만, 여기서는 학습자가 수업의 목표에 도달했는지를 확인해 보는 형성평가에 대해 이야기하고자 한다.

우리가 익히 알고 있듯이 교수·학습 도중에 이루어지는 평가인 형성평가는 수업 혁신에 대한 새로운 방안이거나 또는 평가를 혁신하기 위한 새로운 대안이라고 할 수는 없다. 그러나 교육현장에서 평가가 주도해 가는 교육활동에 대한 비판과 우려에 대해 전통적 평가의 대안으로 제시되기도 하는 형성평가에 관심을 가져볼 만은 하다.[박영석, 2009]

교육과정 전 과정에서 평가는 이루어진다. 스크리븐[Scriven, 1967]은 평가를 '형성평가'와 '총괄평가'로 최초로 구별했는데, '형성평가'는 교수·학습 과정에서 학습자의 학습이나 발달, 개선이 일어나고 있는 중간에 시행되는 평가를 의미하며, '총괄평가'는 학습의 결과물에 대한 평가로 마지막에 시행되는 것이라 정의했다.[이은주, 2019에서 재인용] '형성평가'와 '총괄평가'가 대두된 지 반세기가 넘게 지났지만, 우리에게 평가란 지필평가, 대학수학능력시험 같은 결과로서의 평가, 즉 '총괄평가'를 먼저 생각하게 되는 것이 현실이다. 평가를 위한 평가, 행정을 위한 평가에 젖어 있던 교육현장에 최근 들어 평가의 기능에 대한 생각의 전환이 일어나며, 그 흐름이 바뀌고 있다.

학습 결과로서의 평가는 학습에 대한 성취 정도를 확인하는 지표가 되지만 학생의 성장 과정을 알 수 없으며, 교사가 학기 말 또는 학년 말에 피드백을 통해 자신의 수업을 개선할 수 있겠지만 바로 그 수업 현장에서 학생들에게 피드백이 이루어지지는 않는다. 그래서 최근에 평가를 바라보는 시선이 교육과정의 마무리 단계에서 총합적 평가, 결과 중심 평가, 선발과 배치를 목적으로 하는 '학습 결과에 대한 평가'에서 학습을 돕기 위한 평가, 형성적 평가, 결과 및 과정 중심의 평가와 같은 '학습을 위한 평가'로의 변화를 꾀하고 있다.이지운·노지화, 2020

〈2009 개정 수학과 교육과정 총론〉에서는 과정 중심의 평가를 강조한다. 그중에서 특히 '마'항을 살펴볼 필요가 있다.

마. 인지적 영역에 대한 평가에서는 학생의 수학적 사고력 신장을 위하여 결과뿐만 아니라 과정도 중시하여 평가하되, 수학의 교수·학습에서 전반적으로 요구되는 다음 사항을 강조한다.

또 〈2015 개정 교육과정 총론〉에는 "학습의 결과뿐만 아니라 학습의 과정을 평가하여 모든 학생이 교육 목표에 성공적으로 도달할 수 있도록 한다"라고 명시되어 있다. 2015 개정 수학과 교육과정에는 (2) 평가 방법 (가)에서 '과정중심평가'라는 용어가 사용되었다. 이는 다음과 같다.

(가) 수학과의 평가는 학습 결과 평가뿐만 아니라 과정중심 평가도 실시하여 종합적인 수학 학습 평가가 될 수 있게 한다.

그러나 2015 개정 교육과정에서 '과정중심평가'의 등장과 강조는 또 하나의 혼선을 야기한다. '과정중심평가'라고 할 때 그 의미는 상당히 모호하다. '과정' 중에 평가한다는 것인가? 과정을 평가한다는 것인가? '과정 중에 과정'을 평가한다고 해도 무엇을 어떻게 평가한다는 것인가? 2015 개정 교육과정에서는 학생 중심의 교육과정을 운영하여 학습에 흥미를 느끼고 배움을 즐기는 인재를 양성하기 위하여 국가교육과정에 근거한 준거 기반 평가를 염두에 두고 있다. 즉 성취기준의 도달을 수업에서 학습의 목표를 두고 성취수준 도달 정도를 파악하기 위한 평가라고 보는 것이다.박정, 2018

이와 같이 교육과정 개선을 통하여 수업을 발전시키기 위한 평가로 형성평가가 대두되었다. 교수·학습이 진행되는 전 과정에서의 평가를 진단평가, 형성평가, 총합평가로 구분할 때, 형성평가는 교수·학습이 진행되고 있는 과정에서 학생에게 송환 효과를 주고 교육과정 및 수업 방법을 개선하기 위한 평가라고 정의할 수 있다. 형성평가의 개념은 학자에 따라 다르게 정의될 수 있으나 학생들이 적극적으로 참여하는 평가, 학생들에게 평가 결과를 피드백하는 평가, 교수·학습 방법을 개선하는 평가, 즉 학습을 위한 평가로서의 기능이 강조되고 있다.성태제·임현정, 2014 재등장한 형성평가에 대한 관심은 실제 교육현장에의 적용으로 이어졌으며, 2000년대 초기에는 학습 향상을 위해 교수·학습 과정 중에 이루어지는 과정 평가로 간주되기도 하고, 학습 향상을 위해 사용되는 평가 방법이나 도구를 의미하기도 했다.[박정, 2013] 최근에는 과정중심평가는 평가관으로, 형성평가는 평가 방법으로 정리되고 있다. 그러나 이러한 구분보다 더 중요한 것은 교사들의 실천 의지이다.

3. 형성평가를 잘하는 방법

같이 생각을 정리해 보고 싶은 말들
: 학생의 성장 확인, 형성평가, 과정중심평가, 피드백, 과정과 결과

평가의 최종 목적인 교수·학습의 극대화를 위해서는 평가의 모든 행위와 절차가 본연의 기능을 제대로 수행해야 하겠지만, 특히 학습과 관련한 기능인 교육과정을 개편하는 기능, 교수·학습 도구를 개선하는 기능, 교수·학습 방법을 수정·보완하는 기능, 교수·학습 환경을 최적화하는 기능, 평가 결과를 학생들에게 피드백하는 기능, 학습 동기와 흥미를 높여 자기주도적 학습을 촉진하는 기능에 초점을 맞춰야 할 것이다.

이러한 모든 기능을 형성평가에 포함시킬 필요가 있으며, 교수·학습 과정에 시행되는 평가로서 교실에서의 학습 상황에 국한하여 형성평가의 기능을 정리하면 다음과 같다. 첫째, 교사와 학생 간의 상호작용 기능, 둘째, 학습의 진행 과정을 점검하는 기능, 셋째, 점검하는 과정에서 교수·학습과 학생 개개인에 대한 자료를 수집·분석하는 기능, 넷째, 분석한 결과를 학생에게 피드백하는 기능, 다섯째, 이런 기능을 종합하여 수업을 개선하는 기능을 들 수 있다. 이와 같은 교실 수업 상황에서 형성평가의 기능을 촉진함으로써 학습의 개별화를 추구하고, 송환 효과를 살려 학습 곤란을 진단하며, 학습 동기를 유발할 수 있도록 해야 한다.성태제, 2014

형성평가의 효과를 극대화하기 위해서는 피드백이 중요하다. 피드백은 교사의 지도 방법을 개선하고 학생들의 학습을 지원할 수 있다. 그러나 학교현장에서 형성평가를 시행하고, 그 결과를 통합하여 교사와 학생에게 즉각적인 피드백을 제공하는 것은 물리적으로 쉽지 않다. 형성평가의 준비, 시행, 채점, 평가 결과의 분석과 피드백 제공은 교사들에게 업무 부담이 되고, 나이스를 기반으로 하는 학교 평가 체제가 수시 평가 및 맞춤형 피드백을 목적으로 하는 형성평가에 적합하지 않기 때문에, 학교현장에서는 형성평가의 시행 및 결과 활용이 제대로 이루어지지 않고 있다.김희경 외, 2014

교육과정의 변화 속에서 '교육과정-수업-평가의 일체화'나 '과정중심평가'와 같은 용어의 등장은 교육현장의 평가에 대한 인식이 '결과로서의 평가'에서 '학습으로서의 평가'로 전환되고 있음을 대변한다고 할 수 있다. '학습으로서의 평가'라는 이름으로 다시 나타난 형성평가를 내 수업의 결과로 학생의 학습 목표에 대한 성취 도달 정도를 측정하는 용도로 이해하는 것뿐만 아니라 학습이 이루어지는 모든 교육과정에서 학생의 학습 향상을 돕는 평가로 인식할 필요가 있다. 또한 다양한 평가 방식을 그 목적에 맞게끔 사용한다면 학습으로서의 평가, 과정중심평가를 성공적으로 구현해 낼 수 있을 것이다. 이를 위해 효과적인 평가 방법을 고민해 볼 필요가 있으며, 학생들이 수업 안에서 수행할 수 있는 적정량의 과제를 제시하고, 평가 목표를 바탕으로 평가기준을 마련하여 평가의 타당도와 신뢰도를 확보하고자 하는 노력이 필요하다.

평가 후에 그 결과의 활용이 평가 목적에 맞는지 확인해야 하며, 실행하는 과정에서 한계점과 그 개선 방안을 통해 수업의 한 과정으로 안착할 수 있을 것이다. 다만 평가의 과정에서 교사의 업무가 과중하지 않으면서 수업에 참여하는 학생 개개인의 자료를 충분히 얻을 수 있고, 그 결과에 대해 학생과 학부모가 신뢰할 만한 근거를 제공할 수 있도록 적절한 평가 방법을 선택하고 이를 적용하기 위한 교사의 노력이 요구된다. 이를 뒷받침할 만한 제도적 장치가 마련되기를 기대한다.

9장
효과적인 피드백 전략은 무엇인가?

신혜림

"선생님, 논술 수행평가 결과 나왔어요?"

지난 시간 논술 수행평가를 본 학생이 다음 수업 시간이 되자 선생님께 묻는다.

선생님은 "아니, 아직"이라고 간단하게 대답하면서 이렇게 생각한다.

'10반까지 모든 반의 평가가 끝나야 하고, 결석생도 출석해서 다 봐야 해. 시험을 다 보더라도 채점할 준비를 단단히 하고 며칠 동안 머리 싸매고 채점해야 하니까 아직 결과가 나오려면 한참 멀었지'라고.

1. 평가와 교사의 피드백

평가에 대한 동상이몽이다. 아이들은 OMR카드를 스캔하면 점수가 바로 나오는 지필평가처럼 수행평가 결과도 바로 나올 것이라고 기대한다. 하지만 교사들은 공정한 평가를 위해서 모든 학생의 평가가 끝난 다음 한꺼번에 마음먹고 채점을 해야 하고, 여러 교사가 한 학년을 가르칠 경우 교사 간에 채점을 위한 협의의 시간도 거쳐야 하므로 수행평가 결과는 그리 쉽게 나오지 않는다. 그동안 아이들은 무수한 과목의 평가를 치렀고 학기 말이나 되어야 나오는 평가의 내용은 아이들의 머릿속에서 이미 잊힌 지 오래다. 무슨 평가를 봤는지 떠올려야 겨우 생각이 나고 자신이 어떤 내용으로 답안을 작성했는지는 잘 기억이 나지 않는다. 결국 자신이 받은 점수와 등급만이 중요할 뿐 배움과 성장을 위한 피드백 따위는 신경 쓰지 않는다.

평가는 교사의 고유한 업무이다. 그런데 아무리 해도 참 어렵다. 평가를 잘하기 위해 평가 계획을 세우는 것은 더 어렵다. 그래도 학기가 시작되기 전 항상 평가 계획을 작성해야 한다. 무엇을 가르치고 평가할 것인가에 대한 고민은 교사로서 본질적인 고민일 것이다. 하지만 학교급이 올라갈수록 교육현장에서 행해지고 있는 평가는 학생들의 삶을 성장시키기보다는 점수와 등급을 결정하여 서열화시키는 것이 목적인 경우가 대부분이다. 교사들은 평가의 공정성에 매몰되어 평가 이후의 피드백까지 신경 쓸 여력이 없고, 기껏해야 할 수 있는 피드백이 개별 학생들에게 채점기준에 미달한 감점 요인을 지적하며 학생이 받은 점수를 수긍할 수 있도록 설명해 주는 것이 대부분이다. 그것조차도 1차시의 수업 시간을 할애해야 전체 학생에게 피드백을 할 수 있다.

평가의 목적은 학생의 교육 목표 도달도 확인, 교수·학습의 질 개선, 학생의 배움과 성장이다. 평가의 궁극적 목적을 학생의 배움과 성장으로 본다면 피드백이 필수이겠지만 현실의 평가는 그렇지 않기 때문에 결국 교사 개인의 내재적 가치와 신념, 교육철학에 따라 피드백은 선택적 활동이 된다. 이제 교육의 패러다임이 바뀌고 있다. 현재 대학입시를 위한 주입식 교육이 올바른 교육의 방향이 아니라는 것을 인식하고, 아주 더디지만 학생의 배움과 성장을 위한 교육으로 조금씩 변해 가고 있다.

핵심 역량을 갖춘 인재를 기르기 위해서는 교과서 중심, 교사 중심의 지식 전달형 수업만으로는 한계가 있으며 이와 더불어 서열화를 위한 평가는 더 이상 평가의 본질을 충족한다고 볼 수 없기에 평가 패러다임도 교육과정-수업-평가의 일체화로 바뀌고 있다. 변화된 평가 패러다임의 주요 내용은 성취평가제와 과정중심평가, 성장중심평가로 압축할 수 있다. 현재 실시하는 성취평가제의 목표는 모든 학생이 성취기준에 도달하도록 교육하는 것이다. 그래서 점수화하여 줄세우기식의 상대평가를 하지 않고 절대평가로 결과를 산출한다.

과거의 평가 결과는 완만한 곡선인 정규분포곡선을 이루며 중간층이 많은 평가를 해야 잘한 평가이고, 잘한 학생이 많으면 평가를 잘못한 것이라고 판단했다. 수행평가 만점이 많이 나오면 엄격한 채점기준으로 재채점하여 점수를 깎기도 했다. 물론 현재 내신성적을 산출하여 등급화하는 고등학교에서는 모든 학생을 줄 세워 등급을 나누는 평가를 하고 있긴 하지만, 초등학교와 중학교 1학년 자유학년제, 중학교 2·3학년의 성취평가제는 서열화보다 학생들의 배움과 성장에 초점을 맞춘 평가가 가능하다.

2015 개정 교육과정은 학습의 진행 과정에서 학생의 변화와 발달 정도를 평가하도록 명시했는데, 이것이 바로 수업과 평가의 연계를 강조하는 과정중심평가다. 과정중심평가란 교육과정의 성취기준을 기반으로 수업과 평가를 연계한 평가 계획에 따라, 교수·학습 과정에서 보이는 학생의 특성과 변화에 대한 자료를 다각도로 수집하여, 학생의 성장과 발달을 지원하기 위한 적절한 피드백을 제공하는 평가[진경애 외, 2021]로 정의하고 있다. 비슷한 개념으로 사용되는 성장중심평가란 학습의 과정과 결과에 대한 피드백을 통해 학생의 성장과 발달을 돕는 평가다. 평가 자체가 교수·학습 활동의 일환이라는 패러다임의 전환은 평가의 개념을 '서열화를 위한 활동'에서 '학생의 성장을 위한 활동'으로 확대시켰다.

수업 중 교실에서 이루어지는 평가에서 교사 피드백은 학생 스스로 학습 과정을 점검할 수 있도록 도와주고, 학생의 현재 수준과 성취수준 사이의 간극을 줄여 주는 결정적인 역할을 한다. 교육부와 한국교육과정평가원은 과정중심평가를 "교수·학습 과정에서 학생의 변화와 성장에 대한 자료를 다각도로 수집하여 적절한 피드백을 제공하는 평가"라고 하며, 교사 피드백을 평가 과정의 일부로 정의하고 있다. 이는 학생을 서열화하기 위한 평가가 아니기 때문에 교사는 적극적으로 학생의 학습 과정에 개입할 필요가 있다. 그러한 개입이 바로 교사 피드백이다. 이것은 평가 도중 학생에게 제공된 피드백이 학생들의 학습 상태에 대한 진단과 분석의 과정을 수반하기 때문이며, 교사의 피드백을 통해 학생들은 자신의 학습 상태를 교정할 수 있기 때문이다.

[그림 9-1] 학생평가에서 피드백의 기능

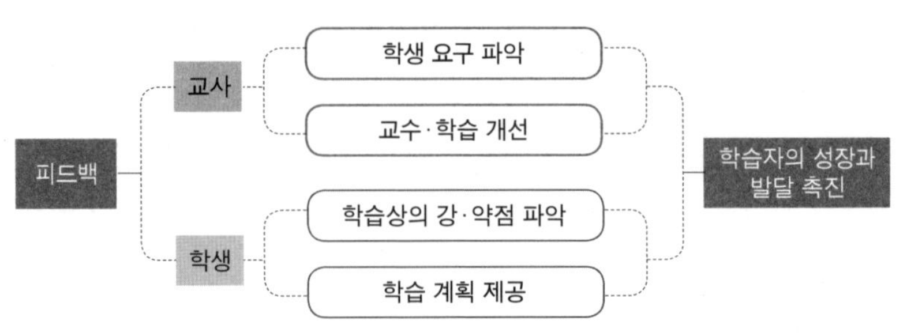

교육부·한국교육과정평가원, 2017.

결국 평가는 학생들이 성취해야 할 목표를 위한 배움의 과정과 성장해 가는 과정을 평가하는 것이고, 그러기 위해서는 피드백이 필수적이다. 실제로 교사들은 이러한 피드백의 필요성을 인지하고는 있지만, 학교의 여러 가지 상황과 구체적인 피드백을 실시해 오지 않았던 학교문화 등의 이유로 아직 적극적으로 활용하지 못하고 있다. 그러므로 수행평가를 확대하고 교수·학습 과정을 강조하는 취지가 학생에게 효과적인 피드백을 제공함으로써 성장을 지원하기 위함이라는 인식 제고가 필요해 보인다.

2. 피드백의 의미와 필요성

피드백은 학생들의 학습 과정 및 결과에 대해 교사가 보이는 반응으로, 학생들의 성취 정도에 대해 적절한 정보를 제공하는 활동을 의미한다.김난옥 외, 2018 피드백은 학습 결과에 대한 정·오답을 확인하는 것에서부터 총점과 성취도 등의 성적을 알려 주고 구체적인 설명을 제공하며 평가 결과로 드러난 지식, 기능, 능력에 관한 정보 또는 그 정보를 학생에게 제공해 주는 행위를 의미한다.

좁은 의미의 피드백은 평가 결과 토대의 성적 또는 정·오답 여부를 알려 줌으로써 오개념을 수정하는 역할과 교사에게 수업을 개선하기 위한 정보 제공을 위한 활동으로 규정지을 수 있다. 나아가 학생의 전반적인 성장을 위해 교사와 학생이 의사소통하는 언어적, 비언어적 활동을 넓은 의미의 피드백으로 볼 수 있다. 교사의 암묵적인 표현, 행동, 수업 시간에 학생의 반응에 대한 발화, 평가 결과에 대한 채점, 과제의 점검 등 모든 교수 활동에서 이루어지고 있는 활동이 학생들에게 주어지는 피드백이라고 할 수 있지만, 여기서 논하고자 하는 것은 성취기준에 맞는 평가 계획을 세우고 그것을 위해 이루어지는 다양한 평가 활동에 대한 피드백에 대한 논의이다.

결국 피드백이란 학습을 증진하기 위한 목적으로 학습자의 생각과 행동을 성취기준에 도달하도록 변화, 성장시키려는 의도로 제공되는 정보나 의견이다. 피드백이 학생의 현재 수준과 목표 수준의 차이를 줄여 주는 역할을 하여 자기효능감, 학업성취도 등을 높이고 수업에 대한 태도 또한 긍정적으로 변화하도록 돕는다는 의미로 이해할 수 있다.

현재 우리의 학교에는 평가는 많지만 피드백은 적다. 피드백은 학습 결과 이후에 제시하는 것만을 의미하기보다는 보다 넓은 관점에서 학습 전 학생의 학습 수준을 진단하고 목표를 공유하는 것, 학습 활동 중 강점 및 약점 등과 관련한 의견을 나누고 목표를 향해 나아갈 수 있도록 돕는 것, 학생의 반응에 따라 수업을 조정하고 참여를 유도하는 것, 학습 활동 과정과 결과를 피드백하고 피드백 내용을 학습에 반영하였는지를 확인하는 것 등 수업의 전반적 과정과 모두 관련이 있다.

[그림 9-2] 피드백 제공 수업 지표

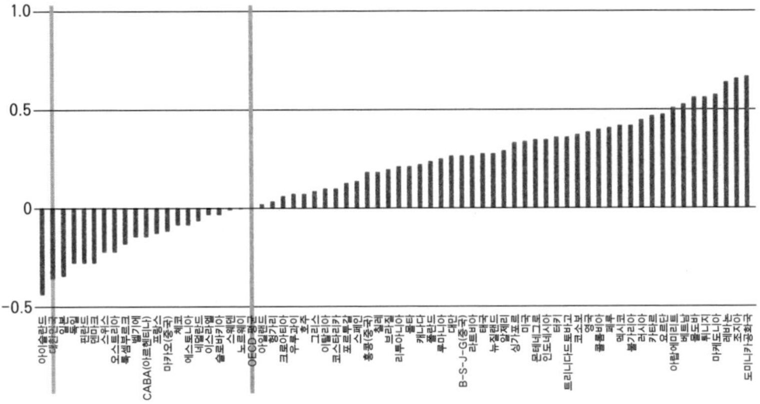

OECD, 2016, p. 67.

그래프를 보면 한국의 피드백 제공 수업 지표가 OECD 국가 중 아주 낮음을 알 수 있다. 학생들이 수업이나 평가 후 교사로부터 받는 피드백의 경험이 다른 나라에 비해서 현저히 낮다는 것이다. 그런데 현실의 중등학교는 한 학급의 학생이 30~35명이고, 교과 단위 수에 따라 적게는 5반, 많게는 10반 이상을 한 교사가 가르치는 상황에서 모든 학생에게 지속적으로 피드백을 하기는 현실적으로 힘들다. 개인 교습을 받는 것은 아무래도 많은 학생과 같이 듣는 수업보다 수준에 맞는 지도가 이루어지고, 교사와의 상호작용과 피드백이 적극적으로 진행되기 때문일 것이다. 하지만 현실이 그렇다고 해서 피드백을 포기해서는 안 된다. 학생의 학습 성과를 향상시키고 배움과 성장을 위해서는 평가의 결과가 학생에게 즉각적으로 확인되고 검토되어 의미 있는 후속 학습 활동과 연결되어야 한다. 교사의 피드백은 학생들의 인지적·정의적 성취에 고루 영향을 미치기 때문이다.

3. 피드백의 종류와 효과

피드백의 종류는 무엇을 기준으로 삼느냐에 따라 다양한 이름으로 구분될 수 있다. 이 글에서는 학교에서 사용되는 상황을 중심으로 피드백의 유형을 나누어 보려고 한다. 피드백을 제공하는 방법으로 구분하면 서면 피드백, 구두 피드백, 시범 피드백으로 나눌 수 있다. 서면 피드백은 글로 남기는 피드백으로 학생의 과제나 평가에 글로 코멘트를 남기는 것이다. 구두 피드백은 말로 전달하는 피드백으로 빠르고 즉각적으로 전달할 수 있으나 반복적 활용이 어려워 보통 교실 상황에서 수업 관찰 시 사용이 적합하다. 글이 익숙하지 않은 저학년 학생들에게 더 유용하다. 시범 피드백은 말이나 글이 아닌 직접 보여 주면서 피드백을 하는 것으로 체육활동이나 만들기, 실험 등의 활동에서 사용하기에 적합하고 모범 답안이나 예시를 보여 주면서 성취 목표를 안내하는 것이다.

피드백 정보의 복잡성으로 구분하면 확인적 피드백, 정교화 피드백으로 나눌 수 있다. 확인적 피드백은 학습 결과에 대한 정답과 오답을 알려 주는 간단한 피드백으로 구체적인 정보를 제공하지 않는다. 학생들의 과제에 찍어 주는 도장, 문항에 O·X 표시, 실수에 체크하여 스스로 수정하도록 하는 것 등이 확인적 피드백이다. 반대로 정교화 피드백은 학습 결과에 대한 구체적인 정보를 제공하는 피드백이다. 구체적인 설명이 아니더라도 오류를 수정할 수 있는 전략적 힌트를 준다든가 학생이 성취수준을 달성하는 데 필요한 조언을 제공하는 것, 오류를 분석해 주는 것 등이 여기에 해당한다.

피드백의 제공자를 기준으로 구분하면 교사 피드백, 동료 피드백, 자기성찰 피드백, 학생 피드백으로 나눌 수 있다. 교사 피드백은 교사가 학생에게 주는 피드백으로 평가의 목적을 달성하기 위해서 가장 보편적으로 이루어지고 있다. 동료 피드백은 학생과 학생 간에 상호 피드백을 주는 것으로 차이점이나 배울 점을 중심으로 서로에게 도움을 줄 수 있다. 다른 학생들의 산출물을 보며 학생 스스로 피드백을 찾기도 하고 학생-학생 간, 학생-교사 간 활발한 질문과 답변을 통해 문제를 해결할 수도 있기 때문이다. 자기성찰 피드백은 스스로 자신의 학습 과정이나 결과물을 성찰하여 수정 보완하는 것으로 소감문이 대표적이다. 학생 피드백은 학생이 교사에게 주는 피드백으로 교수 활동 수정에 효과적인 피드백이다. 보편적으로 많은 교사가 학기 말이나 프로젝트 수업 후 학생들에게 피드백을 받는 방법으로 많이 활용하고 있다.

교사가 논술평가에 대한 정교화 피드백을 서면 형태로 제공한 피드백의 예시를 만들어 보면 다음과 같다.

- 자신의 주장에 대한 근거가 명확해서 글에 설득력이 있습니

다. 제시한 정보화 사회의 특징 세 가지 중 두 가지는 정확한데, 한 가지 특징을 언급한 내용에 오류가 있어 수정이 요구됩니다. 해결 방안을 제시할 때 개인적인 측면과 사회적인 측면으로 나누어 제시하면 더 정확한 글이 될 것 같습니다.

- 글이 조직적이고 짜임새가 있어 논리적입니다. 구체적인 사례 제시가 적절합니다. 해결 방안을 제시할 때 개조식이 아니라 연결된 문장으로 작성하도록 합니다.
- 제시한 조건에 맞게 자신의 생각을 조리 있게 표현했습니다. 글씨를 조금만 더 크게 쓰면 가독성이 향상될 것 같습니다.
- 글의 연결이 매끄럽고 자연스럽습니다. 자신의 주장에 대한 근거가 확실해서 논리적입니다. 문단 구분을 하면 더 좋은 글이 될 것 같습니다.
- 문제를 분명하게 기술했으며 다양한 근거를 제시했으나 관점이 다소 모호하고 근거가 확실하지 않아 주장에 설득력이 다소 떨어집니다. 주장에 맞는 근거를 제시하면 논리적인 글이 될 것 같습니다.
- 관점이 분명하고 다양한 근거를 제시하여 자신의 주장이 명확하게 드러납니다. 다양한 해결책을 제시했지만, 마지막에 제시한 해결책이 실현 가능성이 있는지 다시 생각해 볼 필요가 있어 보입니다.

그렇다면 어떤 피드백이 더 효과적일까? 구체적인 조언이 들어간 정교화 피드백이 확인적 피드백보다 더 학습에 효과가 좋을까? 교사가 피드백으로 얻고자 하는 것이 무엇인가에 따라 효과적인 피드백의 방법은 달라진다. 성장이 목표인지, 점수·등급 확인이 목표인지, 검사가 목표인지 등에 따라서 다른 피드백을 제공해야 한다. 보편적으로 확인적 피드백보다는 정교화 피드백이 더 효과적이라고 알려져 있다. 교사가 정교화 피드백을 할수록 학생들도 교사가 피드백을 수행하고 있다고 인식하며 선생님에 대한 신뢰도와 친밀도가 향상된다. 하지만 학습자의 수준이나 학습과제의 난이도 등에 따라서 확인적 피드백이 효과적일 수도, 정교화 피드백이 효과적일 수도 있다. 어떤 피드백이 효과적인 피드백이라고 단언할 수는 없다. 학생에 대한 피드백은 과업 수준, 학생의 수준이나 성격, 평가의 종류, 교사와 학생과의 관계 등 다양한 조건에 따라 달라질 수 있으며, 어떤 상황에도 똑같이 적용되는 피드백은 없기 때문이다.

그렇지만 구체적인 피드백을 제공하는 것이 학생들의 개념 이해에 도움이 되며, 교사의 피드백을 통해서 학생들이 자신의 학습을 되돌아볼 기회를 제공한다고 볼 수 있다. 교사의 피드백은 학생들의 학습의 인지적인 측면뿐만 아니라 정의적인 측면에도 효과가 있다. 학생들이 자신의 학습에 자신감을 지니게 되고, 학습에 대한 심리적인 부담감을 감소시킴으로써 학습의 과정에 좀 더 적극적으로 참여할 기회를 제공한다. 구체적인 피드백은 교사와 학생의 의사소통 기회를 마련하게 되며, 학생들이 그들에 대한 교사의 관심을 인식하는 계기가 된다. 이는 학업성취와 학습 태도에 긍정적인 효과를 준다.

믿을 수 있는 교사와 쉽게 상호작용하고 질 높은 피드백을 제공받는 학습자일수록 기본 심리 욕구가 높고 학업 참여도 활발하다. 긍정적인 피드백과 인정은 학습자가 계속하여 새로운 변화를 시도하고 배움을 추구하게 되는 동력으로 작용할 것이다. 결국 피드백의 제공은 학습자의 수업 참여와 학업성취에 유의미한 영향을 미친다. 그러므로 더 이상 피드백이 열정적인 교사만 하는 선택적 교육활동이 되지 않기를 바란다. 정답은 없다. 하지만 교사인 우리는 평가의 목적을 학생의 성장에 초점을 두든, 성취수준 도달에 초점을 두든 교사의 신념과 가치에 따라 학생들을 변화시킬 수 있는 존재임은 분명하다.

4. 효과적인 피드백 제공하기

피드백은 학생의 수행 자체 또는 과정에 초점을 두고 있어야 하고, 피드백을 제공할 때는 학생의 수행을 준거와 비교하여 알려 주어야 하며, 피드백은 학생들이 받아들이기에 적당한 양의 정보를 담고 있어야 한다. 또한 피드백은 학생들이 이해하기 쉽도록 분명하고 구체적으로 제시되어야 하며, 긍정적인 어조로 제공되어야 한다.김난옥 외, 2019; 한국교육과정평가원, 2019

효과적인 피드백을 제공하는 방법에 대해서 조금 더 구체적으로 알아보자. 학생에게 효과적인 피드백을 제공하기 위해서는 먼저, 피드백은 객관적으로 제공되어야 한다. 다시 말해 피드백은 평가 요소를 중심으로 명확하고 객관적인 준거(성취기준)를 근거로 해야 한다. 그래야만 학생평가가 공정하고 정확하게 이루어질 수 있다. 성취기준에 근거하여 객관적으로 피드백을 하되 평가적 피드백보다 조언적 피드백을 제공한다. 조언적 피드백이란 성취수준과 관련하여 학생이 성취한 것과 학생이 학습을 개선하는 데 필요한 정보를 제공하는 피드백이다. 이는 학습 과정에 초점을 두고 학생이 성취동기를 갖도록 도와주고 자기조절을 지원하는 역할을 한다.

둘째, 조언적 피드백을 제공할 때 인지적·정서적 측면을 모두 고려한 균형 잡힌 피드백을 제공해야 한다. 인지적 피드백은 평가를 하기 전 제시한 채점기준에 맞추어 구체적으로 잘한 부분은 인정하고, 부족한 부분을 설명해 주면서 바람직한 방향을 제시하면 된다. 더 나아가 인지적 영역뿐 아니라 정의적·심동적 영역 모두에서 성취기준과 교과 역량을 달성하는 데 필요한 구체적인 내용과 정보를 제공한다. 정서적 피드백은 학생들이 관심을 보이는 부분이나 긍정 정서에 대해 지지를 표현하되 교사에 대한 신뢰성과 친밀함을 갖도록 해야 한다.

셋째, 두세 가지의 잘된 점을 먼저 제시하고 개선점을 제안한다. 피드백 수용도를 높이는 전략 중 하나는 잘된 점의 인정이 선행된 후 개선점을 제안하는 조언의 피드백을 하는 것이 효과적이다. 더불어 피드백을 제공할 때 학생을 존중하고 지원하는 어조를 사용해야 한다. 피드백은 목적상 받는 사람의 수용성이 중요하다. 존중하는 태도와 지원하는 어조로 하는 피드백은 학생들이 변화를 수용할 가능성이 크다. 더 나아가 피드백을 통해 긍정적 자아존중감과 학습 동기 유발을 가능하게 할 수 있어야 한다. 그래서 되도록 1인칭과 3인칭으로 피드백을 제공하는 것이 효과적이다. “너는~ 왜~”로 시작하는 피드백은 평가적 의미가 담기기 쉬워 효과적이지 않다.

넷째, 피드백 내용은 학생이 이해할 수 있도록 구체적이고 명확하게 제공해야 한다. 학생들이 피드백을 통해 성취 목표나 바람직한 수행이 어떤 것인지를 명확하게 알 수 있어야 하고, 학습에 대한 유용한 정보여야 한다. 다시 말해 피드백은 알기 쉽게 제공되어야 하고 학생이 정확하게 무엇을 해야 하는지 구체적으로 제시해 주어야 한다. 그래야만 학생들은 피드백의 내용을 정확하게 이해하고 자신의 학습 중 수정, 변화해야 하는 내용을 제대로 수정할 수 있을 것이다. 또한 어디에서 틀렸고 어떻게 다르게 하는 편이 나았는지 구체적이고 정확한 피드백을 학생들이 받게 되면 그들은 더 쉽고 빠르게 배운다. 단, 오류를 지적하는 것은 필수적이나 그 오류를 이유로 학생들이 자신감과 호기심을 잃게 해서는 안 된다. 틀렸다고 다른 학생들 앞에서 부끄럽게 만드는 것, 점수가 낮다고 꾸지람을 하는 것은 모두 효과적이지 않은 피드백이다. 빠르고 정확한 피드백이 중요한 한편, 배우는 과정에서 반드시 일어날 수밖에 없는 실수들에 대해서 큰일이 난 것처럼 반응하지 않는 태도가 중요하다.

다섯째, 피드백은 타이밍이다. 피드백은 시기가 중요하므로 시의적절하게 제공되어야 한다. 피드백은 대체로 즉시 하는 것이 효과적이나 학생이 상당한 시간을 들여 수행한 과제 또는 학생이 받아들일 준비가 안 된 상황이라면 충분히 기다린 후 피드백을 진행해야 한다. 교사는 학생이 교수·학습 과정에서 겪으리라고 예상되는 지점에 대한 피드백을 구체적으로 준비해 두어야 적재적소에 맞는 피드백을 줄 수 있다.

여섯째, 피드백의 양과 횟수는 학생이 이해하고 활용할 수 있는 정도로 제공되어야 한다. 피드백으로 제공되어 앞으로 해야 할 내용이 지금까지 평가를 위해 학습한 분량이나 실행한 과제의 양보다 더 많아지면 안 된다. 학생의 학습 수준에 비추어서 학생이 조금만 더 노력하면 성취할 수 있는 것부터 피드백해야 한다. 학생의 수준에 맞는 피드백으로 현재 수행 수준과 이상적인 성취수준 사이의 차이를 줄일 기회를 제공해야 한다. 피드백 횟수는 교사가 계획한 교수·학습 활동의 내용과 수준, 학급의 규모에 따라 사전에 계획하고 진행해야 한다.

마지막으로 학생들에게 피드백을 사용할 기회를 제공해야 한다. 교실 수업에서 피드백 효과를 제고하려면 단순히 피드백을 늘리려 장려하는 것뿐 아니라 수업 과정에서 학생들이 스스로 피드백을 활용해 보고 자기성찰 능력을 향상시킬 수 있어야 한다. 학생들이 피드백 후 실제 자신의 수행을 개선하는 데 활용하고, 그러한 경험이 스스로의 배움과 성장에 기여함을 안다면 피드백의 효과는 제대로 실현된 것이다. 피드백을 통하여 학습자가 자신의 학습 태도, 요구되는 학습 수준 등을 성찰한다면 스스로 성장할 수 있는 발판을 마련한 것이다.

또한 교사들에게도 수업 개선에 사용할 수 있는 정보를 제공할 수 있어야 한다. 평가는 수업의 질을 향상시키기 위한 목적도 있으므로 피드백을 통해 교사 스스로도 학생의 학습 수용도나 성취 정도를 파악하는 기회로 활용해야 한다.

이상에서 제시한 효과적인 피드백의 원천이 되는 것은 결국 교사의 전문성과 신뢰성이다. 교사의 전문성은 학생의 학업에 필요한 지식, 학습 결과 및 학업 수준을 정확하게 판단하는 능력을 의미하고, 교사의 신뢰성은 학생이 학습 정보를 제공하는 교사를 믿는지 여부를 의미한다. 피드백은 수업과 분리되어 있지 않다. 교과의 전문성을 갖춰 수업에 최선을 다하는 열정적인 선생님, 학생들에 대한 관심과 사랑으로 친밀한 관계를 유지하여 래포를 형성하는 따뜻한 선생님이 누구인지 학생들은 금방 알아챈다. 학생들이 교사가 주는 피드백을 신뢰하고 의견을 존중해 주는지가 피드백 성공의 관건이므로 교사의 전문성과 신뢰성이 높을수록 학습자가 피드백을 받아들이고 학습에 반영하는 정도가 높아 피드백의 긍정적 효과가 강화될 것이다.

무엇보다 학생은 교사를 신뢰할수록 부정적 피드백을 제공받더라도 수용하고자 하는 태도가 있으나, 교사가 잘 가르치지도 못한다거나 불공평하게 대우한다고 느끼는 학생은 교사의 학습 채점 과정을 신뢰하지 않아 채점 결과나 피드백에 대해 부정적으로 판단하는 경향이 있다. 그러므로 학습자들에게 피드백의 중요성 및 가치를 인식하게 해 주어야 하며, 더불어 교사의 평가 전문성을 더욱 신장시켜 피드백에 대한 신뢰성을 높일 필요성이 있다.

5. 진정한 배움을 위한 피드백

이 글을 쓰기 위해 우리 반 아이들의 논술 수행평가 후 개별적인 서면 피드백과 구두 피드백을 시도해 보았다. 아이들의 글을 읽고 평가 요소에 맞춰 채점하면서 잘된 점과 부족한 점을 한 명, 한 명의 평가지에 써 나가는 데 생각보다 많은 시간이 걸렸다. 다음 시간에 학생 35명을 한 사람씩 불러 서면 피드백을 구두로 전달하면서 점수 확인을 했는데, 20명도 채 하지 못했다. 전체 학생에게 개별 피드백을 제공하는 것이 생각보다 더 어려운 일임을 깨닫고, 서면 피드백은 나눠 주고 학생 스스로 확인할 수 있도록 하는 편이 효과적이라는 생각이 들었다.

다음 반에서는 방법을 조금 바꾸어 피드백을 했는데, 성취수준의 정도로 학생을 세 가지로 분류했다. 우선 성취기준에 도달한 학습자는 잘한 점을 칭찬하는 피드백이 대부분이므로 서면 피드백을 나누어 주고 개인적으로 확인하도록 했고, 노력은 했으나 성취기준에 다소 미달해 보완점이나 개선할 점이 필요한 학생들은 성취한 것을 칭

[표 9-1] **학생의 수행 수준을 고려한 피드백 예시**

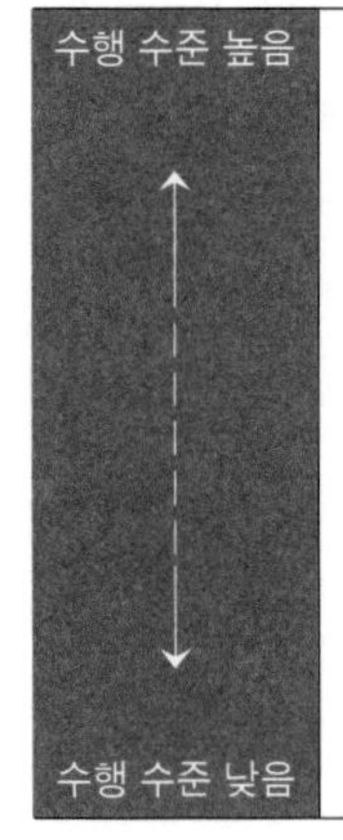

- 교사가 직접적으로 정보를 제공하기보다는 질문을 던지는 방식으로 학생이 스스로 자신의 부족한 점을 파악하여 개선할 수 있도록 피드백을 제공.
- 특정 과제나 학습에 국한된 피드백보다는 해당 과제를 학교, 사회, 국가, 세계 수준으로 확장해 나가거나 다른 교과 영역의 내용들로 확장할 수 있도록 확산적인 피드백을 제공.
- 한 가지 피드백 정보에 대해서도 이를 제대로 이해했는지, 피드백 정보를 활용해서 어떤 개선을 이루었는지를 스스로 기록하게 해서 피드백을 활용하여 자신의 성장에 활용하는 자세를 내면화하도록 지도.
- 여러 가지의 개선점을 한꺼번에 알려 주기보다는 학생이 개선해야 하는 가장 중요한 사항에 대해서 우선순위를 정해서 순차적으로 피드백을 제공.
- 앞으로 개선해야 하는 추수 학습에 대한 정보도 중요하지만 그보다는 이전 학습이나 수행에 비해서 무엇이 발전했는지를 중심으로 긍정적 변화에 대한 정보도 함께 제공.

교육부 · 한국교육과정평가원, 2021, p. 41.

찬하면서 개선점을 개별 피드백했다. 마지막으로 동기 유발이 필요한 학생들은 한 명씩 개별로 수업 외 시간에 구체적인 개별 피드백을 제공했다. 이렇게 해 보니 처음 반의 피드백보다는 훨씬 전략적으로 피드백을 할 수 있었다. 나의 방법이 정답은 아닐 것이다.

모든 학생에게 개별화되고 구체적인 피드백을 제공하는 것은 결코 쉬운 일이 아니다. 오히려 교사 혼자 그런 피드백을 제공하는 것은 불가능에 가깝다. 하지만 교육적 활동으로서의 피드백은 반드시 필요한 활동이라는 데에는 동의할 것이다. 그리고 이미 많은 교사가 학생들의 배움과 성장을 위해서 다양한 방법으로 피드백을 하고 있을 것이다.

피드백은 유형에 따라 여러 교수·학습 과정에 활용되어 학업성취 및 학습 태도, 문제해결력, 내적 동기 및 자기효능감 등 학습 효과를 높이는 데 크게 기여할 수 있다. 그리고 교수·학습 방법을 향상시키는 중요한 수단이 된다. 따라서 피드백이 교사 개인의 교육적 철학과 열정에 따른 선택적 활동이 아니라 필수적인 활동임을 인지해야 한다.

피드백 역량을 강화하기 위한 교사의 노력도 요구된다. 내가 학생들에게 개별적인 피드백을 제공하면서 느꼈던 점은 부족한 피드백 제공 역량을 채워 줄 수 있는 다양한 연수나 연구자료들이 더 많이 필요하다는 것이었다.

피드백이 자연스러운 교수 활동이 되기 위해서는 교사가 수업과 평가의 과정을 계획할 때 평가 이후 피드백 시간을 공식적인 차시로 계획하는 것이 운영적인 면에서 효과적이라고 생각한다. 평가로 그

[표 9-2] 평가 결과 활용을 위한 교사 자기 체크리스트

운영 요인	과정중심평가 결과 활용을 위한 세부 점검 요소	네	아니요
결과 활용을 위한 전략 수립	1. 학생 성장을 위한 피드백 방안을 수립하는가?		
	2. 평가 결과로 양적 정보뿐 아니라 질적 정보도 활용할 수 있도록 평가 결과 활용 방안을 마련하는가?		
학생에 대한 피드백 제공	3. 과제 수행에 대한 총괄적 피드백과 함께 과제 수행 과정에서 이루어지는 피드백을 제공하는가?		
	4. 학생 성장을 위해 구체적인 피드백 내용 및 부족한 부분에 대한 개선 방법을 제시하였는가?		
	5. 평가 계획에 따라 인지적 영역뿐만 아니라 정의적 영역 등을 포함한 피드백을 제공하는가?		
	6. 과정중심평가 결과를 학습의 자료로 활용할 수 있도록 학생들에게 안내하는가?		
교수·학습 방법 개선을 위한 자료 활용	7. 평가 결과를 교수·학습 및 평가 활동의 전반에 걸쳐 환류하는 데 활용하는가?		
	8. 과제 수행 과정에서 제시된 피드백 내용을 교수·학습 계획에 반영(성취기준 미도달 학생에 대한 지도 계획 수립 등)하는가?		
	9. 평가 결과에 따른 수업이 평가 결과가 산출된 해당 학생에게 적용되는가?		
평가 결과의 제공	10. 학생 관찰 결과 누가기록과 연계하여 학생생활기록부 세부능력 및 특기사항을 기록하는가?		
	11. 학생, 학부모의 이해가 용이하도록 평가 결과를 쉽게 제공하는가?		
	12. 학부모, 동료 교사, 학습자 등과 평가 결과에 대해 소통하는가?		

진경애 외, 2018, p.156.

단원이 끝나는 것이 아니라 평가 이후의 피드백을 통해서 학생들의 성장과 발전을 지원하면 진정한 배움의 시간이 될 것이다.

평가를 계획할 때 정교화된 채점기준rubrics을 만들어 놓고 최종 평가를 하기 전에 중간 단계의 형성적 평가를 통해 피드백을 제공한 다음, 성취수준 달성을 위한 최종 평가를 하는 것이 가장 이상적인

평가 방법일 것이다. 이제 과도한 학습 분량을 줄이고 학급당 학생 수를 줄여서 과정 중심의 수행평가가 더욱 내실 있게 진행될 수 있도록 하고, 교사의 불필요한 행정 업무를 최소화함으로써 피드백 제공이 용이한 시스템을 마련하여 교사가 학생 성장을 위한 피드백에 좀 더 시간을 투입할 수 있도록 환경적 여건을 개선해야 한다.

피드백은 평가의 꽃이다. 처음부터 잘하려고 하지 말고, 모든 것을 완벽하게 하려 하지도 말고, 한 가지씩 조금씩 시도해 보자. 학생들이 배움의 즐거움을 알고 성장하는 모습을 보는 것은 교사로서 큰 보람이자 기쁨이다. 자, 이제 진정한 배움을 통해 우리 아이들의 성장의 꽃을 피우게 할 차례이다.

10장
어떤 것이 잘된 루브릭일까?

윤서연

1. 수행평가에서 교사가 받는 질문

"선생님! 수행평가 만점 받으려면 어떻게 해야 해요?"

경험을 바탕으로 글쓰기, 역사신문 만들기, 한국 영화 중국어로 번역하기, 광합성에 영향을 미치는 요인을 설명하기, 내가 살고 싶은 방 만들기 등 과목별로 다양한 수행평가에서 학생들은 좋은 점수를 받고 싶어 한다. 그런데 평가기준은 대부분 매우 잘함, 보통, 미흡의 내용으로 서술되어 있다. 이런 일반적인 평가기준, 혹은 평가 계획에 따른 세부적인 평가기준을 보여 줘도 학생들은 그 내용을 이해하기 어려운 경우가 많아서, 교사에게 채점기준이나 어떻게 하면 좋은 점수를 받을 수 있는지를 계속해서 질문한다.

즉, 비구조화된 평가에 대해 교사는 학생들과 소통하기 힘들고, 학생은 스스로 내용을 구안하면서 자신의 수행이 성취기준에 맞는 것인지 모른다. 접근이 어려운 것이다.

"선생님! 또 야근하세요?"

수행평가 결과물이 점점 책상을 점령한다. 일과 중에는 수업과 업무로 시간이 없고, 결국 퇴근 시간이 지나고 학교에 남아서 채점을 한다. 며칠째인지 모르겠다. 평가 결과를 입력하고 학생들에게 공지해야 하는데, 30명씩 5학급의 150장의 논술형 평가 시험지를 읽고 또 읽어도 읽을 때마다 점수가 달라지는 느낌이다. 결국 성취수준을 상·중·하로 구분하고 그에 맞게 시험지를 분류하여 채점한다. 그리고 미리 정한 채점기준에 맞춰서 하기보다는 채점하면서 발생하는 변수들을 정리해 채점기준을 보완해 간다.

논술형 평가의 경우 심지어 처음의 채점 결과와 이후의 채점 결과가 점점 달라지기도 한다. 처음에는 까다로운 기준을 적용해서 채점하다가 뒤로 갈수록 채점의 기준이 느슨해진 것인지 점수가 높아진다. 그래서 결국 다시 역순으로 전체 학생의 채점을 다시 한다. 즉, 재검의 재검을 반복하다 보니 시간이 더 걸린다. 게다가 동교과 교사와 평가 척도가 다를 것이라는 걱정은 또 다른 불안 요소다. 채점한 것을 서로 비교하고 교차 채점까지 하다 보면 채점의 늪은 점점 더 커져 간다.

"선생님! 왜 제가 저 친구보다 점수가 낮아요?"

학생이 정답과 오답을 알아 스스로 점수를 확인할 수 있는 지필평가와 달리 수행평가는 교사의 채점이 기준이 되다 보니 채점 과정을 모르는 학생들은 자신이 받은 점수에 대한 채점 근거를 알고 싶어 할 때가 많다.

그럴 때마다 교사는 평가한 결과를 학생과 함께 확인하며 평가기준에 맞춰 어떤 점이 부족했고 어떤 점이 충족됐는지 논리적으로 설명한다. 하지만 학생들이 공정하고 객관적이었다고 느끼지 않는다는 생각이 들면, 교사도 답답한 마음이 든다. 학생들은 자기가 무엇을 평가받았고 어떤 점이 부족한지 알고 있을까?

수행평가는 학생의 학습 과정과 결과를 모두 평가한다. 이를 위해 교사는 교육과정을 분석해 학생의 성장 과정을 평가할 수 있는 평가를 계획하고 실행하며, 그 결과를 확인해 학생에게 피드백을 제공한다. 이를 위해서는 한 학년을 계획하는 장기적인 안목과 이를 위해 할애할 수 있는 교사의 노력과 물리적인 시간이 요구되지만, 그러기에는 학교현장의 여건이 녹록지 않은 것이 현실이다.

서두의 질문과 같은, 수행평가에서의 문제를 해결할 수 있는 방법, 즉 학생의 수준을 고려해 학생도 이해할 수 있는 구체적인 평가의 기준을 제시해 주는 수행평가, 효율적으로 채점의 수월성을 갖는 수행평가, 객관적이고 공정한 평가 및 채점과 그에 대한 피드백을 줄 수 있는 수행평가. 이것에 도움이 되는 것이 바로 루브릭이다.

2. 루브릭의 개념과 유형

루브릭의 개념

학교현장에 수행평가가 도입된 지 20여 년이 지났지만, 아직도 기존의 관행대로 수행평가가 이뤄지는 경우가 많다. 현직 교사들에게 '루브릭'은 그 개념조차 생소한 상황이다. 루브릭이란 일반적으로 지침이나 규칙을 일컫는 말인데, 1990년대 미국에서 수행평가가 시작되며 교육 분야에서 사용되었다. 수행평가를 위해 기존의 평가 도구와는 다른 평가 도구가 필요했던 것이다. 초기의 루브릭은 주로 체크리스트를 확대한 것이었는데, 각 등급과 그에 대한 설명이 더해지면서 개선되고 정교해졌다.

오늘날의 정의에 따르면, 루브릭은 특정한 과제나 목표를 위한 등급 기준을 짜고 명시하는, 채점을 위한 안내를 의미한다.Greenstein, 2021: 340 루브릭은 학생을 평가할 때 사용하는 '상세한 채점 가이드'로 학생을 평가하는 준거와 수행의 질, 단계를 구체적으로 기술함으로써 학생들의 다양한 활동과 과제를 객관적으로 채점하는 데 활용할 수 있는 평가기준표이다. 즉, 교육 기준을 토대로 수행과제를 평가하는 준거와 수행의 질이 여러 단계로 상세히 묘사된 평가 도구이다.Montgomery, 2000/ 김정덕·김명희, 2011에서 재인용

루브릭의 유형

루브릭은 일반적으로 평가의 목적에 따라 총체적 루브릭과 분석적 루브릭으로 구분한다. 총체적 루브릭은 교사가 평가 준거를 통합적으

로 고려해 학생이 얼마나 성취했는지 전반적으로 평가를 하는 것이다. 즉, 학생들의 수행 과정과 결과물의 수준을 인상에 기초하여 종합적으로 판단하는 것이다. 총체적 루브릭은 수행 결과물에 대해 수행의 차원을 분리하지 않고 단 하나의 점수나 평가를 제공하므로 전반적인 성취도나 질적 상태를 파악하는 데 유용하다.[Brookhart, 1999; Moskal, 2000/ 홍소영, 2021에서 재인용] 또한 채점자의 노력과 시간을 적게 들일 수 있다. 그러나 학생의 수행 결과에 나타난 세부적인 장단점과 개선 방향 등을 제공하지 못하는 단점이 있다.[홍소영, 2021]

분석적 루브릭은 평가 요소를 분리하여 각각 독립된 척도를 이용해 수행 과정이나 결과물을 채점하는 체계이다. 따라서 각각의 항목에 대해 독립적인 점수를 매기고 이를 통합하여 최종 점수를 산출한다. 분석적 루브릭은 학습자에게 각 항목의 잘한 점과 못한 점 등을 파악하여 구체적인 피드백을 제공할 수 있고 복잡한 수행평가에서 유용하게 사용될 수 있다. 하지만 총체적 루브릭에 비해서 제작하는 데 더 많은 시간이 필요하다.

루브릭의 유형에 따른 사용을 예로 들면, 국어 교과에서 시를 읽고 그에 대한 감상을 작성한 경우에는 총체적 루브릭이 유용하고, 육하원칙에 따라 기사문을 작성하거나 논설문의 개요를 작성하는 것을 평가할 때는 평가 준거별로 나누어 평가하는 분석적 루브릭이 좀 더 유용하다. 또는 상황에 따라 둘을 병행해 1차에는 총체적 방식으로 채점을 하고 이후 분석적 루브릭을 적용해 채점하는 방식을 사용할 수도 있다. 수행평가는 학생들의 학습 성과를 하나의 수행 준거로 파악하기 힘든 복합적인 능력을 평가하므로 분석적 루브릭을 활용하는 것이 더욱 효과적이다. 이에 '분석적 루브릭'을 중심으로 이야기해 보고자 한다.

루브릭의 구성 요소

루브릭은 만드는 사람과 제작 과정에 따라 다양하게 나타날 수 있지만 기본 형태는 다음과 같다.

[표 10-1] 루브릭의 기본적인 형태인 격자 모양의 표

	평정 수준 1 (Scale Level 1)	평정 수준 2	평정 수준 3
평가 차원 1 (Dimension 1)			
평가 차원 2			
평가 차원 3			
평가 차원 4			

최경애, 2019, p. 20.

먼저 루브릭 표에는 평가하려는 과제의 이름인 '과제명Task Title'과 해당 과제를 자세하게 설명하는 '과제 설명Task Description'이 있다. 그리고 표의 가로축은 점수를 매길 수 있도록 성취 행동을 수준별로 나눈 평정척도의 수준인 '평정 수준Scale Level', 세로축은 과제를 구성하는 관련 지식 및 기술을 의미하는 '평가 차원Dimensions'으로 되어 있다. 평정 수준과 평가 차원이 만나는 가운데 부분은 평가 차원별 각 평정 수준에 대한 '성취기준의 설명Description of Scale Dimensions'이 들어가게 된다. 루브릭은 이상 다섯 가지 요소로 구성

된다.최경애, 2019

구체적으로 살펴보면 '과제명Task Title'은 평가의 제목이다. 이 과제명은 학생들이 어떤 것을 평가하는지 짐작하게 하고 자신이 수행해야 하는 것이 무엇인지 알게 하므로 과제의 성격에 대한 정보를 포함시켜 명시하는 것이 좋다. 즉, '1차 보고서', '논술형 평가'보다는 '설명 방법을 활용한 설명문 쓰기'가 더 적합하다. '과제 설명Task Description'은 학생들이 과제를 수행하는 데 필요한 구체적인 조건과 방법 등을 자세하게 설명한 것을 말한다. 과제명과 과제 설명은 루브릭에서 생략되기도 한다.

루브릭의 가로축인 평정 수준Scale Level은 학생의 성취수준을 나타낸 것으로, 위 표는 세 개의 수준으로 구분했는데 대부분은 3~4개의 수준으로 구성하고 5개까지 사용하기도 한다. 처음 사용하는 경우라면 세 개의 수준이 적합하고 그 이후에는 교사가 스스로 평가의 내용에 따라 척도를 세분화해서 만들 수 있다. 평정 수준Scale Level을 가리키는 말은 성취수준, 달성수준, 수행수준, 평가수준, 평정척도, 수행척도 등으로 다양한데최경애, 2019, 그 수준을 나타내는 용어들을 살펴보면 다음과 같다.

[표 10-2] 루브릭 평정 수준 용어

상	중	하
보통 이상	보통	보통
잘함	보통	노력 요함
탁월한	능숙한	노력이 더 필요한
우수	보통	미흡(부족)
완벽한 수행	수행	불완전한 수행
⋮	⋮	⋮

루브릭의 세로축인 평가 차원Dimensions은 과제나 학습 활동과 관련해 교사가 무엇을 평가하는지 나타내는 부분이다. 예를 들면 설명문 쓰기 수행평가에서 '다양한 자료의 선정', '객관적 내용 전개', '글의 통일성' 등과 같은 것이다. 평가 차원은 평가 항목, 평가 준거, 평가 내용, 성취 내용, 성취기준 등의 다양한 용어로 불리기도 하는데최경애, 2019 그중에서 '평가 항목'이라는 용어가 교사들에게는 가장 이해하기 쉬울 것이다. 평가 차원은 각각의 내용이 서로 중복되지 말아야 한다. 교사는 루브릭에서 평가 차원을 구상하며 이 수행평가를 통해 학생들이 무엇을 함양해야 할 것인지 생각한다. 그리고 학생은 평가 차원을 보며 자신이 수행할 과제가 무엇인지, 그리고 자신의 수행평가 결과물이 어떤 항목으로 채점되는지 알 수 있다.

마지막으로 루브릭 표의 평가 차원별 성취수준의 설명이다. 이 부분은 평정 수준과 평가 차원이 만나는 곳으로 학생들의 수행에 관한 구체적인 설명이 들어가게 된다. 가장 높은 수준에서 수준이 내려갈 때마다 어떤 점이 얼마나, 어떻게 부족한지 성취도를 단계별로 구술하여 제시한다.

아래는 지금까지 이야기한 다섯 가지 요소를 루브릭으로 완성한 모습이다.

[국어과 수행평가 루브릭]

과제명: 설명 방법을 사용하여 설명문 쓰기

과제 설명: 자신이 좋아하는 음식에 대한 설명문을 쓴다. 설명 대상을 선정하고 그에 대한 자료를 수집해 패들렛에

올린다. 설명문의 구성 방식인 처음-중간-끝을 구분하여 개요를 작성하고 설명 방법을 세 가지 이상 사용하여 800자 이상의 설명문을 쓴다.

[표 10-3] 중학교 2학년 국어과 실제 루브릭의 예

	우수	보통	미흡
자료 수집 및 선정	설명 대상에 대한 다양한 자료를 수집하였다.	설명 대상에 대한 자료를 일부 수집하였다.	설명 대상에 대한 자료를 수집하지 않았다.
설명 방법 활용	설명 방법을 세 가지 이상 사용하였다.	설명 방법을 두 가지 사용하였다.	설명 방법을 한 가지 사용하였다.
문단 구성	문단 구성의 원리에 따라 한 문단에 하나의 중심 내용을 담아 문단을 구성하였다.	한 문단에 중심 내용에서 벗어난 내용이 들어 있거나 두 가지 이상의 중심 내용이 담겨 있다.	문단 구성 원리를 모르고 문단을 구분하지 않고 서술하였다.
글의 통일성	글의 논점에서 벗어난 내용이 없었다.	글의 논점에서 벗어난 내용이 일부 들어 있다.	글의 논점을 파악하기 어렵고 통일성도 없다.
표현의 객관성	명료하고 객관적으로 표현하였다.	주관적 표현이 일부 있어 글의 객관성이 떨어진다.	설명문의 성격에 맞지 않는 주관적이고 감상적인 표현이다.

잘못된 루브릭과 잘된 루브릭

잘못된 루브릭

루브릭은 수업과 평가에 도움이 되지만 정교하게 제작하지 못한 루브릭은 오히려 수업과 평가를 어렵게 한다. 잘못된 루브릭은 어떤 것을 말하는 것일까? 우선 루브릭에 평가기준이 너무 많고 내용이 자세하면 좋지 않다. 평가의 변별력을 키우고 정밀성을 고려해 기준을 많이 제시하면 교사는 그 기준에 따라 정확하게 평가하고 채점해

야 한다는 부담감이 있고 실제로 그렇게 하는 데 시간이 많이 소요된다. 이는 루브릭의 장점인 채점의 편의성이 오히려 떨어지는 결과를 낳는다. 또한 학생의 경우 루브릭에 나타난 그 기준을 다 고려해서 평가를 준비해야 한다는 부담감이 크다.

둘째, 루브릭에서 학생에게 평가하고자 하는 중요한 요소가 포함되지 않으면 그 루브릭도 부적합하다. 즉, 교육과정의 성취기준에 따라 학생들에게 함양하려는 역량을 담은 핵심 내용이 평가의 핵심이 되어야 한다. 이것이 아닌 단편적이고 특수한 과제의 수행에 대한 정량적 내용을 중심으로 루브릭으로 제시하면 학생에게 측정하고자 하는 평가의 기본 목적과 맞지 않는 지엽적인 평가가 된다.

끝으로 루브릭에 사용된 설명들이 추상적이거나 일반적인 것도 문제가 된다. 예를 들어 [표 10-3]의 '표현의 객관성'에서 '명료하고 객관적으로 표현하였다'라고 한다면 그 '명료하고'가 어떤 것을 의미하는지 학생들이 이해하기 어려울 수 있다. 교사 입장에서도 채점기준이 모호해지거나 교사별로 채점 결과가 차이 나는 경우도 있다. 따라서 일반적인 기술보다는 '개인의 주관적 판단이나 느낌이 들어가지 않고 명료하고 객관적으로 표현하였다'와 같이 구체적인 정보를 제공할 수 있도록 해야 한다.

잘된 루브릭

그렇다면 잘된 루브릭은 무엇을 말하는 것일까? 먼저 가르치고 평가하려는 목표나 기준을 명확하게 알 수 있는 루브릭이다. 루브릭은 수행평가의 채점기준표이지만 동시에 학생들에게 무엇을 가르쳐야 하고, 학생은 그를 통해 무엇을 배울 수 있을지 인지할 수 있는 루브릭이 되어야 한다. 즉 수행평가를 하는 수업 과정에 대한 설계도로서의 제 역할을 다할 수 있도록 평가의 요소가 교육과정의 성취기준에 맞게 명료화되어야 한다.

또한 적정한 분량의 평가기준을 제시하여 학생은 부담 없이 평가받고, 교사는 부담 없이 채점할 수 있도록 한 루브릭이 좋다. 즉, 중요한 평가 요소를 포함한 정확하고 체계적인 평가기준 항목을 제시해서 평가의 타당성과 채점의 편의성을 확보할 수 있도록 해야 할 것이다.

그리고 루브릭에 사용된 용어들이 어렵지 않아야 한다. 평가 실시 전에 학생들에게 루브릭을 보여 주게 되면 학생들은 자신이 무엇을 평가받는지, 어떻게 준비해야 하는지 알 수 있다. 따라서 학생들이 쉽게 이해할 수 있도록 평이한 문장으로 평가기준이 기술된 루브릭이 잘된 루브릭이다. 그렇게 되면 학생이 평가 과정에서 평가의 내용을 스스로 적용하는 데 도움이 될 수 있다.

또한 평가 수준을 구분할 때 3~4단계의 수준을 구분하는 내용이 각각의 변별이 잘 이뤄진 것이 좋다. 높은 단계에서 수준이 내려갈 때, 교사가 임의로 수준을 나누거나 일반화된 표현으로 '잘할 수 있다', '부족하다' 등으로 나타내는 것이 아니라 일반적 내용과 정량적 기술을 복합적으로 사용한 루브릭이 바람직하다. 예를 들어 '비유를 통한 참신한 표현을 몇 가지 이상 사용하였다', '비유를 사용하지 않았지만 관용적인 표현이 아닌 참신한 표현을 사용하였다', '비유를 사용하지 않고 진부한 표현으로 참신하지 않다'와 같이 단계별로 성취수준을 구분할 수 있도록 정교하게 제시한 루브릭이 잘된 루브릭이다.

3. 루브릭 설계와 활용

루브릭 만들기

루브릭에 대한 개념조차 생소한 교사들이 루브릭을 설계하는 것은 쉽지 않다. 그러나 처음의 낯설고 수고스러운 과정이 지나고 익숙해지면 시간도 단축되고, 한 번 제작한 루브릭은 다음 평가에서 변용되어 활용할 수 있는 이점이 있다. 그리고 루브릭은 사실 그동안 많은 교사들이 평가 계획을 작성하면서 만든 세부 기준을 좀 더 세부적으로 명료화한 것이라고 생각하면 부담이 덜할 것이다. 나 역시 기존의 평가 계획을 보면서 이를 구조화하는 연습으로 시작하였다. 이에 루브릭 만들기 4단계를 제안하면 다음과 같다.

- 1단계: 교과의 교육과정과 성취기준 분석을 통한 수행과제 설정(무엇을 평가할 것인가) 및 수행 영역의 평가 요소 찾기

  이 단계는 학생이 어떠한 것을 성취하기를 바라는지 수업의 목표와 연관 지어 생각해야 한다. 교사가 수업을 통해 무엇을 가르치고, 학생들은 루브릭이 사용될 과제를 통해 어떤 능력을 기를 수 있는지를 찾는다. 그리고 설정된 수행과제가 정확하게 무엇인지 명료화해야 한다.

- 2단계: 찾아낸 평가 요소 범주화하여 평가 차원(평가 준거) 도출하기
  이 단계에서는 평가 준거의 특징과 중요성을 분석하여 적합한 평가 준거를 선택한다. 학교나 교실의 상황과 수업의 진행 상황을 반영하여 평가 상황에 활용될 수 있도록 분명하게 정의한다.
- 3단계: 각 수행 수준을 기술하여 표 완성하기(세부적인 평가 기준 제시)
  이 단계에서는 평가 준거의 척도별 수행 준거를 기술한다. 다시 말해 평가 차원별 성취수준을 설명한다. 이 부분은 학생들의 수행에 관한 구체적인 설명이 들어가게 된다. 앞서 언급한 대로 이 부분은 너무 지엽적이어서도, 너무 추상적이어서도 좋지 않다. 각 수준과 평가 준거를 바탕으로 세밀하게 작성한다. 루브릭에서 가장 중요한 부분이라 할 수 있는 것으로 동교과 교사와의 충분한 협의, 학생의 수준 고려 등 다각도의 노력이 요구된다.
- 4단계: 평가 준거가 수행의 본질을 실제로 파악하는지 알아보기 위해 개발한 준거를 사용해 보고 준거 조정하기
  이 단계는 개발된 루브릭이 현장에 얼마나 적합하고 평가 목적에 부합하는지 확인하는 작업이다. 평가 영역, 기술된 용어의 의미, 수행과의 관련, 척도 등의 내용과 명료성 등을 확인할 수 있도록 루브릭의 적합성을 점검하여 조정하는 것이 바람직하다.

루브릭의 교육적 유용성

평가의 목적이 학생의 행동 변화를 파악하고 성취기준에 맞는 도달도를 확인하는 작업이라면 그에 적합한 평가 형태가 바로 수행평가다. 수행평가는 관찰과 판단에 근거한 평가Arter, 1996/곽태근 외, 2012에서 재인용로 결과뿐 아니라 과정도 중시하면서 지속적으로 실시하는 평가이기 때문에 지필평가와는 다르게 채점 과정에서 다양한 요소의 영향을 받을 수 있다. 따라서 그 수행 목표와 학생이 해결해야 할 과제를 분명하게 명시했을 때는 교사의 주관적 판단이 줄어들고 객관적인 평가가 가능하다. 즉, 다양한 요소들을 고려하여 실시하는 수행평가에서 구체적 채점기준인 루브릭이 유용하게 사용될 수 있다.

또한 과정중심평가에서는 학습 과정에서 학습자에게 피드백하는 것이 중요하다. 그런데 학급당 인원이 많은 대다수의 학교현장에서 학생 개인별 피드백을 적시에 적절하게 하기는 어려운 실정이다. 이에 루브릭을 사용한다면 구체적 평가(채점)기준을 통해 학생 스스로 목표를 인식하여 자신의 수행 정도를 파악할 수 있으며, 교사는 학생의 수행 과정을 진단하고 그에 대한 구체적인 피드백을 할 수 있다. 왜냐하면 루브릭은 과제의 평가 항목별 검토를 통해 학습자의 강점과 약점을 파악하는 데 용이하므로 학습자의 능력이나 어려움을 쉽게 진단할 수 있기 때문이다. 즉, 루브릭을 이용한 평가는 학생이 자신의 수행 수준을 파악하고 앞으로 노력해야 할 방향을 구체적으로 제시함으로써 학생의 성장과 발달을 지원하는 평가라고 볼 수 있다. 이는 교수·학습 활동의 개선으로 이어져 학습에 대한 평가가 아닌 학습을 위한 평가로서 진정한 형성평가의 의미를 실현할 수

있다.김정덕 · 김명희, 2011

그리고 루브릭이 교사가 가르치려는 성취기준과 기르고자 하는 핵심 역량을 담아 잘 제작되면 교사는 더 효과적으로 가르칠 수 있고 학생도 더 효과적으로 배울 수 있다. 다시 말해 교사가 과제 수행 이전에 루브릭을 학생들에게 제공하면 과제 수행에서 중요한 것은 무엇인지, 교사는 무엇을 기대하고 있는지 구체적으로 학생에게 전달할 수 있다.Andrade & Du, 2005/ 홍소영, 2021에서 재인용 즉, 학생은 평가 활동의 주체로서 자신이 해야 할 역할을 인식하고 자신의 수행 정도를 점검하며 보완할 수 있다는 데 의의가 있다. 그 결과 루브릭을 사용한 학생들이 그렇지 않은 학생들에 비해 더 나은 수준의 수행 결과물을 만들어 낼 수 있다는 것이다. 요컨대, 채점 루브릭은 평가를 정확하게 하는 데 도움이 될 뿐 아니라 학생이 자신의 학습을 주체적으로 이어 가는 교수 활동에도 효과적이다.

루브릭은 정확한 평가를 위한 지침이 된다. 과제의 평가를 위해 작성한 루브릭은 과제의 핵심적인 특성을 수준별로 명료하게 기술하였기 때문에 교사는 학생들의 수행 결과를 빠른 시간에, 효과적이며 일관성 있게 평가할 수 있다.Andrade & Du, 2005/ 홍소영, 2021에서 재인용 그뿐만 아니라 루브릭은 교사의 주관성 개입의 영향을 줄일 수 있게 하고 보다 객관적인 평가를 가능하게 하므로 수행평가의 공정성을 확보하는 데 기여하고 평가 결과에 대한 학생의 신뢰도를 높일 수 있다.

나아가 루브릭은 수업의 내용을 바탕으로 평가를 계획하고 또한 루브릭에 따라 수업을 진행하므로 수업과 평가의 관련성이 높아 학생들의 학습 동기나 성취를 높이는 데 기여할 수 있다. 즉, 교수와 학습, 평가 간의 경계를 없애 준다는 것이다. 이는 교사가 루브릭을 제작함으로써 교육과정 성취기준을 어떠한 방식으로 가르치고 이를 평가하는지를 계획하여 과정중심평가로 진행하는 것을 의미한다. 결국 교육과정-수업-평가의 일체화에도 기여할 수 있다는 것이다.

요컨대, 루브릭은 교사와 학생 모두에게 중요한 실용적인 평가 도구인 동시에 학생들이 자신의 수행 수준을 파악하고 그 능력을 향상시키기 위해 노력하도록 하는 도구로서의 교육적 가치도 크다고 할 수 있겠다.

루브릭의 활용과 확대

루브릭의 유용성이 입증되고 그 중요성과 필요성이 대두되는데 왜 학교현장에서는 여전히 기존의 평가와 채점 방식이 계속되는 것일까? 평가에 관심이 많고 열정적인 교사들만 루브릭을 알고 있는 것이기 때문일까? 그렇다면 루브릭을 접해 보지 않거나 만들기를 시도하지 않는 교사들은 열정이 부족하다고 치부할 수 있을까?

수행평가의 본질을 찾기 위한 과정중심평가로서의 인식 확대, 백워드 교육과정에 대한 논의, 교육과정-수업-평가의 일체화에 대한 고민 등 평가를 개선하고자 하는 노력은 단기간에 이뤄진 것이 아니다. 오랜 시간의 연구와 협의, 교육의 과정으로 평가의 변화 양상이 학교현장에서 나타나고 있다. 하지만 그동안 수행평가의 전반적인 방식과 목적 및 운영 과정에 대한 논의에 중점을 두었던 것이 사실이다. 그러다 보니 루브릭에 대한 논의는 상대적으로 부족했다. 물론 루브릭을 채점기준표라는 단순한 도구로 여길 수 있지만, 그 교육적 유용성을 생각할 때, 교사들이 쉽게 접근하고 적용할 수 있도록 루브릭에 대한 이해의 범위를 확대하는 방안이 필요하다.

또한 루브릭을 바르게 사용하기 위한 교사의 전문성이 요구된다. 교사가 루브릭에 대해 체계적인 지식을 갖고 있어야 한다. 이를 기반으로 하여 정밀한 루브릭을 제작하고 학생에게 맞는 루브릭 단계를 선택하여 학습해 나가도록 지원한다면 학생들의 수업 참여나 학습 성취에서 높은 성과를 낼 수 있을 것이다.

루브릭의 신뢰도를 높일 수 있는 최선의 방법은 교사들이 협업해서 루브릭을 개발하고 각 등급과 지표를 효과적으로 사용하여 어떤 지식과 스킬을 평가하는지를 명확히 하는 것이다.[Greenstein, 2021] 따라서 교사가 작성한 루브릭에 대해 공동의 협의를 통해 수정하고 보완하거나, 함께 의논하며 제작하는 교과의 공동 연구의 과정은 루브릭의 효과를 높이고 학습공동체로서의 교사 문화를 조성하는 데도 기여할 것이다.

루브릭을 학생과 함께 만드는 것도 의미가 있다. 교사와 학생이 함께 교육과정의 실행 과정에서 평가 루브릭을 함께 개발하고 이를 수업과 평가에 적용하게 되면 학생이 학습 목표를 분명하게 인식할 수 있어 자기주도학습 능력이나 과제 수행 능력을 향상시킬 수 있다.[홍소영, 2021] 학생이 자신을 수업과 평가의 주체로 인식하고 주도성을 갖게 되는 것이다. 단, 학생 주도나 참여로 루브릭의 개발이나 적용을 고려할 때, 학생들이 루브릭의 본질에 대한 지식을 이해할 수 있도록 교사들의 적절한 지도가 선행되어야 한다.

무엇보다 루브릭을 제작할 때 교사가 수업과 평가를 통해 학생들에게 함양하려는 역량이 무엇이고, 그 역량을 평가하는 세부적인 내용을 어떻게 구체적으로 구안할 것인지에 대한 고민이 선행되어야 한다. 교사의 편의를 위한 단순한 채점기준이라는 접근을 넘어서, 수업과 평가의 본질과 그 목적에 맞는 루브릭이 제 역할을 다해 학생과 교사 모두를 위한 평가가 되길 기대한다.

11장
지필평가, 어떻게 운영하면 좋을까?

김보희

1. 문제 제기

학생평가는 학생이 학교교육을 통해 학습한 성과를 확인하고 교사는 학생의 교육적 성장과 발전을 다양한 각도에서 관찰하고 측정을 하기 위해 실시한다. 거기서 그치지 않고 앞으로 학생에게 더 나은 배움의 성장이 일어날 수 있도록 계획을 수립하기 위한 목적으로 행하는 중요한 교육활동이다.

교사라면 모두가 항상 안고 있는 고민이 바로 '어떤 평가가 좋은 것인가?', '수업과 평가를 어떻게 연결 지을 수 있을까?'이다. 어떻게 평가하는 것이 과연 효과적인 평가일까? 단순하게 말하면 학생이 교육의 목표에 잘 도달했는지 확인할 수 있는 평가가 가장 좋은 평가라고 말할 수 있다. 학교에서 이루어지는 평가에는 다양한 평가 방법을 사용한다. 그중에서 지필평가는 평가에서 매우 중요한 평가 방법 가운데 하나로 예전부터 지금까지 학교에서 가장 많이 사용되고 있다. 교육 주체인 교사, 학생, 학부모 모두가 가장 신뢰하는 방법이다.

지나치게 지필평가 위주인 평가 방식의 문제점이 많이 지적되고 있다. 지필평가를 축소해야 한다는 목소리가 커지고 있지만, 어떻게 효과적인 지필평가를 사용할 수 있을지에 대한 논의는 다소 부족해 보인다. 아무리 지필평가 축소를 외친다고 해도 지필평가 없는 학교 평가는 생각할 수도 없다. 그러므로 교사들은 더 좋은 지필평가에 대해 반드시 함께 이야기를 나누어 볼 필요가 있다.

지필평가가 문제가 있어서 축소를 외치는 것이 아니라 지필평가 일변도의 관행 때문에 균형 잡힌 평가를 외치는 것으로 이해해야 한다. 그러므로 지필평가 자체도 개선과 발전이 필요하다.

2. 지필평가란 무엇인가?

지필평가란 학생이 자신의 지식 및 기능에 대한 습득 여부를 나타내기 위해 종이와 필기도구를 이용하여 주어진 문항에 응답하는 방식의 평가로, 선택형과 서답형 문항이 있다. 선택형 문항에는 진위형, 선다형, 연결형 등이 있고 서답형 문항에는 단답형, 서술형, 논술형 등이 있다. 선택형 문항의 유형에서 진위형 문항이란 학생이 진술문을 보고 참인지 거짓인지 이분적인 판단을 요구하는 문항 형식이다. 이는 출제범위가 넓고 출제 시간이 제한되어 있을 때, 단순한 지식을 정확하게 획득했는지 측정하고자 할 때 사용한다. 선다형 문항은 선택형 문항 중 가장 보편적으로 사용되는 유형으로 세 개 이상 주어진 선택지 중에서 학생이 맞는 답안이나 가장 알맞은 답안을 한 개 이상 선택하도록 하는 문항 형식이다. 특히 전산으로 답안이 채점되는 대규모 검사에 많이 사용된다. 연결형 문항이란 단어나 구절 등을 모아 놓은 두 개 이상의 목록에서 문항 요구 방식에 따라 목록들 사이의 요소를 연결하도록 하는 문항이다. 서로 관련성 있는 개념을 이용한 평가에 적합하다.

서답형 문항의 유형 중 단답형 문항이란 학생이 질문에 부합하는 응답으로 단어 혹은 문장을 진술하도록 하는 형식이다. 논술형 문항이란, 최초의 문항 유형이라 볼 수 있을 정도로 오랫동안 사용되어 온 문항 유형이며, 주어진 질문에 제한 없이 여러 개의 문장으로 응답하는 문항 형식이다. 보통 정답이 하나로 정해져 있지 않으며, 개인의 생각이나 주장을 창의적이고 논리적이면서 설득력 있게 작성하는 평가로 사용된다. 서술형 문항도 논술형 문항과 같이 주어진 질문에 제한 없이 여러 개의 문장으로 응답한다는 점은 동일하지만, 주로 학생이 알고 있는 정보나 지식을 활용하여 주어진 문제에 대해 논리적으로 분석, 설명, 해석하거나 문제를 해결하는 능력을 평가할 때 사용된다.

3. 지필평가의 장점, 단점은?

선택형 문항의 장점은 인지적 기능이나 지식을 측정하는 데 적합하다는 것이다. 또한 정의적 특성을 측정하는 데에도 문항을 잘 개발한다면 충분히 적용할 수 있다. 선택형 문항은 하나의 유형을 다양하게 변형하여 문항을 제작할 수 있으며, 같은 유형이라도 난이도 수준을 다양하게 변화시키는 것이 가능하다. 그리고 문항 수가 아무리 많아도 채점을 정확하고 빠르게 할 수 있어, 대규모 검사에 많이 활용되고 있다. 선택형 문항의 가장 큰 장점은 학생이 선택한 오답을 보고 학생이 어떠한 오개념을 지니고 있는지 파악할 수 있다는 점이다.

단점은 학생이 스스로 답을 생성하지 못할 수도 있으며, 추측에 의한 정답이 가능하다는 점이다. 또한 문항 제작에 많은 시간이 소요되며, 선택형 문항으로는 학생의 창의적 측면을 평가하기 어렵다는 점을 꼽을 수 있다.

서답형 문항의 장점은 학생이 미리 정해진 답안에서 정답을 선택하는 게 아니라 학생 스스로 답안을 생성하도록 하며, 고차원적인 수준의 학습 능력을 측정할 수 있다는 점이다. 그리고 선다형 문항과 달리 문항 제작이 다소 쉬운 편이다. 추측으로 정답을 맞히기 힘들며 학생이 제대로 알고 있는지 파악할 수 있다. 단점으로는 교사가 채점하는 데 상당히 많은 시간이 소요되며, 모든 학생의 답안을 정확하고 일관되게 채점하기 어렵다. 정답이 한 개로 특정되기 힘들며, 학생의 답안을 보고 어디까지 점수를 부여해야 하는지 일관된 채점 기준을 만들기 힘들다는 것도 단점이다. 특히, 논술형 문항에서는 문항을 통해 평가하고자 하는 목표 달성 정도와 학생의 작문 능력이 혼재될 수 있는 난점이 있다.

현재 학교에서 이루어지는 지필평가는 선다형 문항과 논술형 문항으로 구성되어 있는데, 보통 논술형 문항 개수보다 선다형 문항 개수가 상대적으로 많다. 선다형 문항만으로 이루어진 평가도 존재한다. 논술형 문항도 학생 개인의 생각이나 주장을 논술할 수 있는 문제보다는 주로 단계형 문항이나 아는 지식을 활용하여 문제를 해결하는 서술형 문항의 형태로 대체하여 주로 사용하고 있다. 채점기준을 정확하고 객관적으로 만들기 어렵기 때문이다.

교과의 특성마다 다르겠지만, 학생의 성장과 목표의 달성도를 확인하는 평가보다는 학생의 서열을 위한 평가로 주로 사용되며, 변별을 위해서 난이도가 높은 소위 '킬러 문항'을 반드시 출제하거나, 주어진 시간 안에 빠른 속도로 문제를 해결할 수 있도록 출제하기도 한다. 학생과 학부모는 수행평가보다는 지필평가가 더 신뢰도가 높다고 판단하며, 지필평가에서 높은 점수를 받기 위해 사교육에 의존하는 경향을 보인다.

4. 지필평가의 개선 방안은?

먼저, 수업과 평가가 일치해야 한다. 수업과 평가는 따로 구분된 게 아니므로 수업이 변하면 평가도 함께 변화해야 한다. 수업 시간에 활동형 수업을 열심히 하고 나서 지필평가에 배운 내용과 동떨어진 지필시험이 출제된다면, 학생들이 수업에 열심히 참여해야 할 이유가 사라지고, 오히려 사교육을 조장하는 역효과를 일으킬 수 있다. 그러므로 수업 시간에 학생이 배운 내용을 확인하고 학생의 성장을 점검할 수 있는 문항을 개발하는 데 노력해야 한다.

그러기 위해서는 같은 교과 교사와의 지속적인 협의가 필요하다. 한 교사가 모든 학급을 다 가르칠 수는 없으므로 여러 교사가 같은 교과를 학급을 나누어 가르치게 되어 현실적으로 교사별 평가를 시행하기에는 다소 많은 어려움이 존재하므로, 지필평가는 일반적으로 같은 교과 교사가 함께 문항을 출제한다. 그러므로 함께 협의를 통해 서로의 수업 내용을 공유하고 수업에서 다룬 내용이 일치하도록 서로 충분한 대화가 필요하다. 평가는 수업의 연장선에 있기 때문이다. 그 뒤에 같은 교과 교사들은 시험문제를 출제할 때 단순히 변별만을 위해서가 아니라, 이 문항을 통해 학생의 성장을 확인하고 발전할 수 있는 문항 제작을 위해 많은 이야기를 나누어야 한다.

지필평가 문항은 기존의 선택형 문항 위주가 아니라 서술형·논술형 평가가 함께 균형 있게 이루어져야 한다. 꼭 서술형 문항과 논술형 문항만이 좋은 것은 아니다. 선택형 문항으로 확인하는 게 효과적인 단원과 서술형·논술형 문항으로 확인하는 게 효과적인 단원이 분명 존재한다. 그러므로 각 단원과 개념에 맞는 효과적인 문항에 알맞게 균형 있는 평가 문항이 구성되어야 한다.

여기서 선택형 문항의 단점으로 꼽힌 추측만으로 정답을 맞힐 수 있다는 점은, 충분한 시간이 주어졌을 때는 문제가 조금은 해소될 수 있다. 학생들은 대부분 시간이 부족했을 때, 추측에 의존해서 남은 문제에 대한 답안을 쓰기 때문이다. 즉, 주어진 시간 안에 학생이 충분히 숙고하여 답안을 제출할 수 있도록 문항을 구성해야 한다.

서술형 문항과 논술형 문항은 문항에 대한 요소별로 정확하고 객관적인 채점이 이루어져야 하고, 그에 대한 학생과의 면대면 피드백이 이루어져야 한다. 피드백이 제대로 이루어지지 않는다면 학생은 한 번 틀린 문항을 통해 아무런 발전을 할 수 없게 된다. 서술형 문항과 논술형 문항뿐만 아니라 선택형 문항에 대한 피드백도 중요하다. 학생이 추측으로 문항을 맞혔을 수도 있고, 혹은 잘 아는 문항인데 실수로 틀렸을 수도 있으므로 이에 대한 대화가 필요하다. 반드시 제대로 된 피드백을 통해 학생의 오개념을 확인하고 함께 수정하면서, 앞으로의 발전과 더 나은 성장을 도울 수 있어야 한다.

또한 교사의 평가에 대한 권한과 자율성이 확보되어야 한다. 우리는 시·도교육청의 지침에 따라 평가 계획을 세우고 그에 맞추어서 평가한다. 그런데 그 계획을 세울 때는 언제나 학부모의 민원과 학교장의 허락 유무를 고려해야 한다. 한 예로 교과 특성에 따라 지필평가를 한 학기에 한 번만 실시하고 수행평가의 비중을 늘리고 싶어도 학부모의 민원과 학교장의 불허 때문에 포기하게 되는 경우가 많다. 평가는 교사의 고유 권한이므로 교사가 원하는 평가를 할 수 있도록 권한과 자율성이 확보되어야 한다. 여기에는 교사의 평가권에 대한 분명한 인식이 동반되어야 하고, 반드시 학부모와의 충분한 대화와 공감이 필요할 것이다.

마지막으로, 변화에 대한 두려움이 없는 긍정적인 학교문화가 조성되어야 한다. 옛날 평가 방식이 고착되어 있거나 변화를 두려워하는 분위기의 학교는 현실에 안주할 뿐 앞으로 더 나아갈 수 없다. 동료 교사들과의 관계가 좋고 서로 응원해 줄 수 있는 학교문화가 조성되어야 한다.

좋지 않은 평가 방법은 없다. 다만, 평가 시기와 평가 목적, 학생들의 상황에 맞는 방법을 적절히 선택하여 평가를 실시하지 못했을 경우가 있을 뿐이다. 논술형 평가라고 해서 무조건 좋은 평가도 아니며, 선택형 문항으로 이루어진 지필평가라고 해서 부정적인 시선을 가질 필요는 없다. '선택이라는 평가의 형태'에 주목하는 것보다 '선택의 방향과 내용'에 주목하는 것이 더 바람직할 것이다.[최지현, 2000] 초점을 평가의 형태나 방식이 아니라 평가의 방향과 내용에 맞추어야 한다.

평가에 교사의 효과적인 피드백이 동반될 필요가 있다. 선택형 문항이나 서답형 문항 모두 평가 후 학생에 대한 교사의 피드백 과정을 거치지 않으면 학생이 평가 과정에서 겪은 오류나 잘못된 생각을 바로잡을 기회가 사라진다. 학생의 올바른 성장을 위해서 다소 시간이 소요되더라도 피드백 과정을 거치면 좋다.

또한 교사에게 평가 권한이 온전히 주어져야 한다. 평가 계획을 작성할 때, 학부모의 민원과 관리자의 개입에 대한 부담 없이 온전히 학생의 성장을 위한 평가 계획을 세울 수 있도록 교사에게는 평가 권한이 필요하다. 그리고 교사도 평가 계획의 권한을 부여받는 만큼 이에 대해 책임의식을 지니고 평가 계획을 세워야 한다.

마지막으로, 지필평가의 개선에 대한 더 좋은 담론이 이어져야 한다. 수행평가의 확대와 개선 방안에 대한 담론은 많이 등장하고 있다. 지필평가의 개선에 대해서도 끊임없이 이야기를 나누고 노력해야 할 것이다.

참고문헌

강대일·정창규(2018). 과정중심평가란 무엇인가. 에듀니티.
경기도교육청(2021). 2021학년도 중등 학생평가 도움자료.
경기도교육청(2022). 2022 중등 학생평가 및 학업성적관리 이해하기.
곽태근 외(2012). 루브릭(rubric)을 활용한 관찰평가 도구의 적용 경험. 경인교육대학교.
교육부(2015). 수학과 교육과정. 교육부 고시 제2015-74호[별책 8].
교육부·한국교육과정평가원(2021). 중학교 학생평가 톺아보기.
김경희·이명진(2021). 교수학습과 학생평가 개선을 위한 서·논술형 평가 지침 활용 및 피드백 효과 제고 방안. 한국교육과정평가원.
김난옥·박민애·이빛나·손원숙(2018). 교사의 특성과 피드백이 초등학생의 정의적, 인지적 성취에 미치는 영향. 교육과정평가연구.
김덕년(2017). 교육과정-수업-평가-기록 일체화. 에듀니티.
김수진 외(2022). 디지털 교육환경 변화에 따른 교사의 학생평가 역량 강화 방안. 한국교육과정평가원.
김신영(2012). 교사의 학생평가와 성취평가제. 교육평가연구, 25(4): 655-677.
김정덕·김명희(2011). 중학교 쓰기 학습에서의 루브릭 활용에 대한 질적 연구. 한국교육, 38(3): 77-105.
김정민(2018). 과정중심평가의 개념과 교육적 의의 탐색. 학습자중심교과교육연구, 18(20): 839-859.
남명호(2004). 교사의 학생평가 실태조사 및 전문성 신장에 대한 요구 분석. 한국교육과정평가원.
남명호(2007). 다시 생각해 보는 수행평가: 교육과정 운영에서의 수행평가의 적용 실태와 개선 방안. 한국교육과정평가원.
박은아 외(2013). 성취평가제의 고등학교 적용 방안. 한국교육과정평가원 연구보고 RRE 2013-9.
박정(2017). 수업에서 학생평가 의미 탐색. 교육평가연구, 30(3): 397-413.

박정(2018). 형성평가와 평가의 객관성. 교육평가연구, 31(3): 483-499.
성태제·임현정(2104). 형성평가의 재인식에 따른 교사와 학교교육의 변화를 위한 제언. 교육평가연구, 27(3): 597-615.
온정덕 외(2016). 학생 참여 중심의 교수·학습 및 평가에 관한 국제비교 연구. 교육부.
원효헌·허균(2015). 수업연계수행평가 전략 설계 방안 연구. 수산해양교육연구.
이미경 외(2016). 2015 개정 교육과정에 따른 초·중학교 교과 평가기준 개발 연구(총론). 한국교육과정평가원 연구보고 CRC 2016-2-1.
이은주(2019). 적응형 온라인 형성평가 시스템 운영 방안 연구: 온라인 중등교육을 대상으로. 교육문제연구, 32(2): 181-201.
이인제(2006). 교사의 학생평가 전문성 신장 연구(III). 한국교육과정평가원.
이지운·노지화(2020). 형성평가, 수행평가, 과정중심평가에 대한 재고찰. East Asian Mathematical Journal, 36(4): 515-535.
이형빈(2015). 교육과정-수업-평가 어떻게 혁신할 것인가. 맘에드림.
임종헌·유경훈(2017). 초중학교의 지필평가 개선 방안 연구. 학습자중심교과교육연구, 17(22): 279-304.
최경애(2019). 평가 루브릭의 개발과 활용. 교육과학사.
최소영(2021). 교육제도의 변화에 따른 학생평가 현안 및 연구 과제. 문법 교육, 43: 91-127.
최지현(2000). 선택형 지필평가의 한계와 가능성. 한국어교육연구회 발표문.
한국교육과정평가원(2014a). 문답식으로 알아보는 성취평가제. 한국교육과정평가원.
한국교육과정평가원(2014b). 성취평가제 적용, 이렇게 하세요(수학과). 한국교육과정평가원.
한국교육과정평가원(2015). 성취평가제 이해 및 실제. 한국교육과정평가원.
한국교육과정평가원(2019). 고교교육 혁신 방향에 따른 학생평가 방안 탐색. 한국교육과정평가원.
한국교육과정평가원(2018). 중학교 교사별 과정중심평가 이렇게 하세요. 한국교육과정평가원.
한국교육과정평가원(2019). 수업과 연계한 과정중심평가, 어떻게 할까요?. 한국교육과정평가원.
한국교육과정평가원(2019). PISA 2015 설문 결과에 나타난 우리나라 과학 수업의 실태. 한국교육과정평가원.

한국교육과정평가원(2021). 중등 과정중심평가 피드백 실천 사례집. 한국교육과정평가원.
허연구 외(2019). 학생의 성장을 위한 중등평가 혁신 방안 연구. 경기도교육연구원.
허연구 외(2019). 학생의 성장을 위한 중등평가 혁신 방안 연구.
홍소영(2021). 교육과정-수업-평가의 일체화를 위한 통합교과 평가 루브릭 개발. 공주교육대학교.
Frey, N. & Fisher, D.(2021). 피드백, 이렇게 한다. 교육을바꾸는사람들.
Greenstein, L.(2021). 역량평가 매뉴얼. 교육을바꾸는사람들.
Popham, J.(2016). 김성훈·이현숙(역). 수업중심 교육평가. 학지사.

참고자료

고교학점제 종합 추진 계획(교육부, 2021. 2. 16).
2009 개정 교육과정 총론(제2011-361호).
2015 개정 교육과정 총론(제2015-74호).
2021 초등 성장중심평가 길라잡이(경기도교육청).
2021 초등학생의 역량을 키우는 성장중심평가 실천하기(경기도교육청).
2022 개정 교육과정 총론(제2022-33호).
2022학년도 학교생활기록부 기재요령 고등학교(교육부).
2022학년도 학교생활기록부 기재요령 중학교(교육부).
2022학년도 학교생활기록부 기재요령 초등학교(교육부).
2023학년도 서울대학교 입시요강.
2023학년도 성균관대학교 입시요강.

삶의 행복을 꿈꾸는 교육은 어디에서 오는가?

● 교육혁명을 앞당기는 배움책 이야기 혁신교육의 철학과 잉걸진 미래를 만나다!

한국교육연구네트워크 총서

01 핀란드 교육혁명 한국교육연구네트워크 엮음 | 320쪽 | 값 15,000원

02 일제고사를 넘어서 한국교육연구네트워크 엮음 | 284쪽 | 값 13,000원

03 새로운 사회를 여는 교육혁명 한국교육연구네트워크 엮음 | 380쪽 | 값 17,000원

04 교장제도 혁명 한국교육연구네트워크 엮음 | 268쪽 | 값 14,000원

05 새로운 사회를 여는 교육자치 혁명 한국교육연구네트워크 엮음 | 312쪽 | 값 15,000원

06 혁신학교에 대한 교육학적 성찰 한국교육연구네트워크 엮음 | 308쪽 | 값 15,000원

07 진보주의 교육의 세계적 동향 한국교육연구네트워크 엮음 | 324쪽 | 값 17,000원

08 더 나은 세상을 위한 학교혁명 한국교육연구네트워크 엮음 | 404쪽 | 값 21,000원

09 비판적 실천을 위한 교육학 이윤미 외 지음 | 448쪽 | 값 23,000원

10 마을교육공동체운동: 세계적 동향과 전망 심성보 외 지음 | 376쪽 | 값 18,000원

11 학교 민주시민교육의 세계적 동향과 과제 심성보 외 지음 | 308쪽 | 값 16,000원

12 학교를 민주주의의 정원으로 가꿀 수 있을까? 성열관 외 지음 | 272쪽 | 값 16,000원

13 교육사상가의 삶과 사상 심성보 외 지음 | 420쪽 | 값 23,000원

한국교육연구네트워크 번역 총서

01 프레이리와 교육 존 엘리아스 지음 | 한국교육연구네트워크 옮김 | 276쪽 | 값 14,000원

02 교육은 사회를 바꿀 수 있을까? 마이클 애플 지음 | 강희룡 · 김선우 · 박원순 · 이형빈 옮김 | 356쪽 | 값 16,000원

03 비판적 페다고지는 세상을 변화시킬 수 있는가? Seewha Cho 지음 | 심성보 · 조시화 옮김 | 280쪽 | 값 14,000원

04 마이클 애플의 민주학교 마이클 애플 · 제임스 빈 엮음 | 강희룡 옮김 | 276쪽 | 값 14,000원

05 21세기 교육과 민주주의 넬 나딩스 지음 | 심성보 옮김 | 392쪽 | 값 18,000원

06 세계교육개혁 민영화 우선인가 공적 투자 강화인가? 린다 달링-해먼드 외 지음 | 심성보 외 옮김 | 408쪽 | 값 21,000원

07 콩도르세, 공교육에 관한 다섯 논문 니콜라 드 콩도르세 지음 | 이주환 옮김 | 300쪽 | 값 16,000원

08 학교를 변론하다 얀 마스켈라인 · 마틴 시몬스 지음 | 윤선인 옮김 | 252쪽 | 값 15,000원

09 존 듀이와 교육 짐 개리슨 외 지음 | 심성보 외 옮김 | 376쪽 | 값 19,000원

10 진보주의 교육운동사 윌리엄 헤이스 지음 | 심성보 외 옮김 | 324쪽 | 값 18,000원

11 사랑의 교육학 안토니아 다더 지음 | 심성보 외 옮김 | 412쪽 | 값 22,000원

혁신학교	성열관·이순철 지음 I 224쪽 I 값 12,000원
행복한 혁신학교 만들기	초등교육과정연구모임 지음 I 264쪽 I 값 13,000원
서울형 혁신학교 이야기	이부영 지음 I 320쪽 I 값 15,000원
혁신교육, 철학을 만나다	브렌트 데이비스·데니스 수마라 지음 I 현인철·서용선 옮김 I 304쪽 I 값 15,000원
대한민국 교사, 어떻게 가르칠 것인가?	윤성관 지음 I 320쪽 I 값 15,000원
아이들을 어떻게 가르칠 것인가	사토 마나부 지음 I 박찬영 옮김 I 232쪽 I 값 13,000원
모두를 위한 국제이해교육	한국국제이해교육학회 지음 I 364쪽 I 값 16,000원
경쟁을 넘어 발달 교육으로	현광일 지음 I 288쪽 I 값 14,000원
혁신교육 존 듀이에게 묻다	서용선 지음 I 292쪽 I 값 16,000원
다시 읽는 조선교육사	이만규 지음 I 750쪽 I 값 37,000원
교실 속으로 간 이해중심 교육과정	온정덕 외 지음 I 224쪽 I 값 13,000원
대한민국 교육혁명	교육혁명공동행동 연구위원회 지음 I 224쪽 I 값 12,000원
포스트 코로나 시대의 교육	성열관 외 지음 I 224쪽 I 값 15,000원
내일 수업 어떻게 하지?	아이함께 지음 I 300쪽 I 값 15,000원
핀란드 교육의 기적	한넬레 니에미 외 엮음 I 장수명 외 옮김 I 456쪽 I 값 23,000원
한국 교육의 현실과 전망	심성보 지음 I 724쪽 I 값 35,000원
독일의 학교교육	정기섭 지음 I 536쪽 I 값 29,000원
교실 속으로 간 이해중심 통합교육과정	온정덕 외 지음 I 224쪽 I 값 15,000원
초등 백워드 교육과정 설계와 실천 이야기	김병일 외 지음 I 352쪽 I 값 19,000원
학습격차 해소를 위한 새로운 도전 보편적 학습설계 수업	조윤정 외 지음 I 240쪽 I 값 15,000원

● 경쟁과 차별을 넘어 평등과 협력으로 미래를 열어가는 교육 대전환! 혁신교육 현장 필독서

학교의 미래, 전문적 학습공동체로 열다	새로운학교네트워크·오윤주 외 지음 I 276쪽 I 값 16,000원
마을교육공동체 생태적 의미와 실천	김용련 지음 I 256쪽 I 값 15,000원
학교폭력, 멈춰!	문재현 외 지음 I 348쪽 I 값 15,000원
학교를 살리는 회복적 생활교육	김민자·이순영·정선영 지음 I 256쪽 I 값 15,000원
삶의 시간을 잇는 문화예술교육	고영직 지음 I 292쪽 I 값 16,000원
미래교육을 디자인하는 학교교육과정	박승열 외 지음 I 348쪽 I 값 18,000원

코로나 시대, 마을교육공동체운동과 생태적 교육학	심성보 지음 ǀ 280쪽 ǀ 값 17,000원
혐오, 교실에 들어오다	이혜정 외 지음 ǀ 232쪽 ǀ 값 15.000원
수업, 슬로리딩과 함께	박경숙 외 지음 ǀ 268쪽 ǀ 값 15,000원
물질과의 새로운 만남	베로니카 파치니-케처바우 외 지음 ǀ 이연선 외 옮김 ǀ 240쪽 ǀ 값 15,000원
그림책으로 만나는 인권교육	강진미 외 지음 ǀ 272쪽 ǀ 값 18,000원
수업 고수들 수업·교육과정·평가를 말하다	박현숙 외 지음 ǀ 368쪽 ǀ 값 17,000원
아이들의 배움은 어떻게 깊어지는가	이시이 쥰지 지음 ǀ 방지현 · 이창희 옮김 ǀ 200쪽 ǀ 값 11,000원
미래, 공생교육	김환희 지음 ǀ 244쪽 ǀ 값 15,000원
들뢰즈와 가타리를 통해 유아교육 읽기	리세롯 마리엣 올슨 지음 ǀ 이연선 외 옮김 ǀ 328쪽 ǀ 값 17,000원
혁신고등학교, 무엇이 다른가?	김현자 외 지음 ǀ 344쪽 ǀ 값 18,000원
시민이 만드는 교육 대전환	심성보 · 김태정 지음 ǀ 248쪽 ǀ 값 15,000원
평화교육 과거, 현재 그리고 미래를 그리다	모니샤 바자즈 외 지음 ǀ 권순정 외 옮김 ǀ 268쪽 ǀ 값 18,000원
마을교육공동체란 무엇인가?	서용선 외 지음 ǀ 360쪽 ǀ 값 17,000원
강화도의 기억을 걷다	최보길 지음 ǀ 276쪽 ǀ 값 14,000원
체육 교사, 수업을 말하다	전용진 지음 ǀ 304쪽 ǀ 값 15,000원
평화의 교육과정 섬김의 리더십	이준원 · 이형빈 지음 ǀ 292쪽 ǀ 값 16,000원
마을로 걸어간 교사들, 마을교육과정을 그리다	백윤애 외 지음 ǀ 336쪽 ǀ 값 16,000원
혁신교육지구와 마을교육공동체는 어떻게 만들어지는가?	김태정 지음 ǀ 376쪽 ǀ 값 18,000원
서울대 10개 만들기	김종영 지음 ǀ 348쪽 ǀ 값 18,000원
선생님, 통일이 뭐예요?	정경호 지음 ǀ 252쪽 ǀ 값 13,000원
함께 배움 학생 주도 배움 중심 수업 이렇게 한다	니시카와 준 지음 ǀ 백경석 옮김 ǀ 280쪽 ǀ 값 15,000원
다정한 교실에서 20,000시간	강정희 지음 ǀ 296쪽 ǀ 값 16,000원
즐거운 세계사 수업	김은석 지음 ǀ 328쪽 ǀ 값 13,000원
학교를 개선하는 교장 지속가능한 학교 혁신을 위한 실천 전략	마이클 풀란 지음 ǀ 서동연 · 정효준 옮김 ǀ 216쪽 ǀ 값 13,000원
선생님, 민주시민교육이 뭐예요?	염경미 지음 ǀ 244쪽 ǀ 값 15,000원
교육혁신의 시대 배움의 공간을 상상하다	함영기 외 지음 ǀ 264쪽 ǀ 값 17,000원
도덕 수업, 책으로 묻고 윤리로 답하다	울산도덕교사모임 지음 ǀ 320쪽 ǀ 값 15,000원
교육과 민주주의	필라르 오카디즈 외 지음 ǀ 유성상 옮김 ǀ 420쪽 ǀ 값 25,000원

교육회복과 적극적 시민교육	강순원 지음 | 228쪽 | 값 15,000원
비판적 미디어 리터러시 가이드	더글러스 켈너·제프 셰어 지음 | 여은호·원숙경 옮김 | 252쪽 | 값 18,000원
지속가능한 마을, 교육, 공동체를 위하여	강영택 지음 | 328쪽 | 값 18,000원
대전환 시대 변혁의 교육학	진보교육연구소 교육과정연구모임 지음 | 400쪽 | 값 23,000원
교육의 미래와 학교혁신	마크 터커 지음 | 전국교원양성대학교 총장협의회 옮김 | 336쪽 | 값 18,000원
남도 임진의병의 기억을 걷다	김남철 지음 | 288쪽 | 값 18,000원
프레이리에게 변혁의 길을 묻다	심성보 지음 | 672쪽 | 값 33,000원
다시, 혁신학교!	성기신 외 지음 | 300쪽 | 값 18,000원
백워드로 설계하고 피드백으로 완성하는 성장중심평가	이형빈·김성수 지음 | 356쪽 | 값 19,000원
우리 교육, 거장에게 묻다	표혜빈 외 지음 | 272쪽 | 값 17,000원
교사에게 강요된 침묵	설진성 지음 | 296쪽 | 값 18,000원
왜 체 게바라인가	송필경 지음 | 320쪽 | 값 19,000원
풀무의 삶과 배움	김현자 지음 | 352쪽 | 값 20,000원
비고츠키 아동학과 글쓰기 교육	한희정 지음 | 300쪽 | 값 18,000원
교실을 위한 프레이리	아이러 쇼어 엮음 | 사람대사람 옮김 | 410쪽 | 값 23,000원
마을, 그 깊은 이야기 샘	문재현 외 지음 | 404쪽 | 값 23,000원
비난받는 교사	다이애나 폴레비치 지음 | 유성상 외 옮김 | 404쪽 | 값 23,000원
한국교육운동의 역사와 전망	하성환 지음 | 308쪽 | 값 18,000원
철학이 있는 교실살이	이성우 지음 | 272쪽 | 값 17,000원
왜 지속가능한 디지털 공동체인가	현광일 지음 | 280쪽 | 값 17,000원
선생님, 우리 영화로 세계시민 만나요!	변지윤 외 지음 | 328쪽 | 값 19,000원
아이를 함께 키울 온 마을은 어떻게 만들어야 할까?	차상진 지음 | 288쪽 | 값 17,000원
선생님, 제주 4·3이 뭐예요?	한강범 지음 | 308쪽 | 값 18,000원
마을배움길 학교 이야기	김명신 외 지음 | 300쪽 | 값 18,000원
다시, 남도의 기억을 걷다	노성태 지음 | 332쪽 | 값 19,000원
세계의 혁신 대학을 찾아서	안문석 지음 | 284쪽 | 값 17,000원

참된 삶과 교육에 관한 생각 줍기